SPENDUNG DER KRANKENKOMMUNION

SPENDUNG DER KRANKENKOMMUNION

Erarbeitet von
Karl-Heinz Kurze
Wolfgang Meurer
Robert Trottmann

Herausgegeben vom
Bischöflichen Generalvikariat Aachen
Hauptabteilung Gemeindearbeit
Abteilung Verkündigung und Liturgie
in Verbindung mit der Liturgiekommission des Bistums
Aachen

VERLAG HERDER
FREIBURG · BASEL · WIEN

Zweite Auflage

Herstellung: Freiburger Graphische Betriebe 1991
ISBN 3-451-21887-9

INHALT

EINFÜHRUNG

Allgemeine Hinweise

1. Dieses Büchlein wendet sich an alle, die in der Gemeinde den Auftrag haben, kranken Gemeindemitgliedern – Frauen, Männern oder Kindern – die Kommunion zu spenden, besonders an die Kommunionhelferinnen und Kommunionhelfer. Durch ihren Dienst werden kranke, aber auch alte Menschen, die ihre Wohnung nicht verlassen können, in das Gemeindeleben einbezogen. Das Überbringen der Krankenkommunion verbindet sie insbesondere mit der Meßfeier ihrer Gemeinde. Dabei ist es sinngemäß, wenn der Kranke die Kommunion im Rahmen eines kleinen Hausgottesdienstes empfangen kann, an dem Angehörige und auch Nachbarn teilnehmen.

2. Wer diesen Dienst des Kommunionhelfers ausübt, wird immer wieder bemüht sein, auf die besondere Situation von kranken Menschen Rücksicht zu nehmen. Sie sind manchmal von der Kommunikation mit andern abgeschnitten und deshalb besonders dankbar für jeden Besuch. Er ermöglicht ihnen, mit der Umwelt in Kontakt zu kommen, Gehör zu finden und sich aussprechen zu können. Oft äußern Kranke und Betagte ihren Wunsch, die Besucher möchten Zeit und Interesse für sie aufbringen, kaum oder gar nicht. Dann liegt es an denen, die die Kommunion bringen, das vorhandene Anliegen herauszuspüren und zu berücksichtigen, damit *Kommunikation* möglich wird, die bereits erfahren läßt, was Kommunion zutiefst bedeutet und schenkt: *Gemeinschaft untereinander in Jesus, dem Bruder und Herrn!*

3. Aufgrund der Wichtigkeit der Kommunikation sollte die Gelegenheit für das Gespräch, auf die die Vorlagen dieses Büchleins wiederholt hinweisen, gut wahrgenommen werden. Dabei kann es angebracht sein, zunächst einmal mit dem kranken oder betagten Mitmenschen ein Gespräch unter vier Augen zu führen, soweit nicht ein die Kommunikation erschwerender Umstand die Anwesenheit eines Angehörigen erfordert. Gegebenenfalls sind andere Besucher zu bitten, vorübergehend das Zimmer zu verlassen. Überdies sollten die Kranken gelegentlich auch von einem Priester besucht werden, und dies nicht nur dann, wenn der kranke und alte Mensch zu beichten oder die Krankensalbung zu empfangen wünscht. Auf den Empfang dieser Sakramente in geeigneter und einfühlsamer Weise aufmerksam zu machen gehört übrigens mit zu den Aufgaben der Diakone und Kommunionhelfer. Wenn sie zudem bei der Spendung der Krankensalbung durch den Priester mit dabei sind und durch Vortragen von Lesung und Fürbitten mitwirken, geschieht neu, was unser Herr beabsichtigte, als er die Jünger zu zweien aussandte: gemeinsames Zeugnis.

4. Das Spenden der Krankenkommunion erfordert eine mehrfache Vorbereitung. Für Langzeitkranke ist es sicher angezeigt, daß sie eine regelmäßige Betreuung durch die Gemeinde erfahren und sich auf einen regelmäßig zu ihnen kommenden Kommunionhelfer einstellen können. Dies ermöglicht auch, längerfristig die Termine für das Überbringen der Krankenkommunion abzusprechen. In anderen Fällen ist es sinnvoll, wenigstens kurzfristig mit den kranken Gemeindegliedern oder ihren Angehörigen zu vereinbaren, wann ein Besuch erfolgen soll. Dann wird es leichter möglich sein, daß sich eine Hausgemeinde beim Kranken zu einem Hausgottesdienst einfindet. Soweit erforderlich, macht man zuvor darauf aufmerksam, wie der Platz für das

Gefäß mit dem eucharistischen Brot herzurichten ist: Benötigt werden ein weißes Tuch, ein Kreuz (sofern ein solches nicht bereits an einer Wand hängt), eine Kerze, wo üblich auch Weihwasser. Der für das eucharistische Gefäß vorgesehene Platz kann auch Blumenschmuck erhalten. Sodann sollte für die Mitfeiernden das Gotteslob in genügender Anzahl zur Verfügung stehen.
Wenn eucharistisches Brot übrigbleibt, bringt es der Kommunionhelfer in die Pfarrkirche zur Aufbewahrung im Tabernakel zurück. Nach jedem Kommuniongang reinigt er das Gefäß sorgfältig.

5. Besonders empfehlenswert ist es, die *Krankenkommunion im Anschluß an die sonntägliche Eucharistiefeier* der Gemeinde zu überbringen. Kommunionhelfer, die im Gemeindegottesdienst die Kommunion ausgeteilt haben, können zu diesem Dienst an den Kranken ausgesandt werden. (Im Einzelfall dürfen auch Angehörige, die ansonsten nicht den Dienst als Kommunionhelfer ausüben, damit betraut werden, ihren Kranken die Kommunion aus der Sonntagsmesse nach Hause mitzubringen.) Bei einem sonn- oder festtäglichen Überbringen der Krankenkommunion empfiehlt es sich, anstelle der in diesem Buch vorgesehenen Lesungen eine der Sonn- bzw. Festtagslesungen (besonders das Evangelium) vorzutragen.

6. Eine verantwortungsvolle Aufgabe ist die Kommunionspendung an schwerkranke, altersschwache oder geistig behinderte Menschen. Ein Kommunionspender, der erstmals einem Schwerkranken gegenübersteht, wird möglicherweise unsicher sein, ob er unter den gegebenen Umständen (insbesondere bei Bewußtseinstrübung, partieller geistiger Verwirrung oder Debilität) überhaupt die Kommunion spenden darf. In diesen Fällen ist er auf die Aussagen der Angehörigen oder des Arztes angewiesen. Als allgemeiner

Grundsatz darf gelten: Der Kranke muß den Wunsch, die Kommunion zu empfangen, irgendwie zu erkennen gegeben haben und aktuell die Möglichkeit haben, die Feier – wenn auch in sehr verkürzter und vereinfachter Form – bewußt mitzuvollziehen. Der Gottesdienst mit der Kommunionspendung soll den Kranken nicht belasten, sondern ihn erleichtern und froh stimmen. Die Teilnahme am Herrenmahl soll ihm zeigen, daß er zur Seligkeit berufen ist. Diese Grundstimmung der Harmonie, des Friedens mit Gott sollte nicht durch Überanstrengung gefährdet werden.

7. Bei manchen Erkrankungen und im fortgeschrittenen Stadium der Agonie ist dem leidenden Menschen ein Schlukken nicht mehr möglich. Zudem kann die Mundschleimhaut so trocken werden, daß eine Hostie nicht mehr aufgelöst wird. Der Kommunionhelfer muß eine derartige Situation rechtzeitig erkennen bzw. entsprechende Hinweise des Pflegepersonals beachten. Wenn der Kranke einverstanden ist, kann man einen Wortgottesdienst ohne Kommunionspendung feiern. Möchte der Kranke dagegen die Kommunion empfangen, vor allem als Wegzehrung, bricht der Kommunionhelfer vom eucharistischen Brot ein sehr kleines Stück ab, legt es auf einen kleinen Löffel mit etwas Wasser und spendet es so dem Kranken. Für solche Schwerkranke sollte eine saubere Serviette bereitliegen, die ihnen vor der Kommunionspendung unter das Kinn gelegt wird.

8. Kommunionhelfer, die regelmäßig Kranke aufsuchen, können auch in die Lage kommen, einen Mitchristen auf seinem letzten Weg zu begleiten. Dann ist es gut, den Gottesdienst auf das näherkommende Lebensende abzustimmen und die Krankenkommunion als *Wegzehrung* zu spenden. Das setzt allerdings voraus, daß ein sterbender Mensch um seinen Zustand weiß und den Tod in Gemeinschaft mit unserem Erlöser annehmen will. Ob das der Fall ist, wird oft

nicht leicht zu erfahren sein; keinesfalls darf man den Kranken zu einem solchen Annehmen drängen. Wichtig ist, daß sich ein Patient in der Not des letzten Weges begleitet und geborgen fühlt.
In diesem Zusammenhang muß der Kommunionhelfer auch daran denken, daß die Wegzehrung – und nicht die (wenn möglich früher zu spendende) Krankensalbung – das Sterbesakrament der Kirche ist. Die Wegzehrung will dem Kranken das Bewußtsein geben, daß er auf dem letzten Wegstück seines Lebens nicht im Stich gelassen ist. „Nur einer gibt Geleite, das ist der Herre Christ; er wandert treu zur Seite, (selbst) wenn alles uns vergißt" (GL 656, 3). Sakramentales Zeichen dieser Gegenwart Jesu Christi ist die als Wegzehrung gespendete Krankenkommunion, für die sich am Schluß dieses Büchleins ein eigenes Formular findet.

Zum Umgang mit den Vorlagen

9. Wenn beim Überbringen der Krankenkommunion nicht nur ihrer Spendung, sondern auch dem seelsorglichen Gespräch große Bedeutung zukommt, wird es oft wichtiger sein, aus den verschiedenen Vorlagen das aufzugreifen, was einer guten Kommunikation dient, als alle Teile eines Formulars gleichsam um der Vollständigkeit willen zu berücksichtigen und vorzutragen. Ein solch freier Umgang mit einer Vorlage setzt freilich voraus, daß sie vor dem Gang zum Kranken durch- und nicht nur einfach bei diesem vorgelesen wird.

10. Im übrigen bleibt es ein wichtiges Anliegen dieses Büchleins, daß die Spendung der Krankenkommunion in einen kleinen Hausgottesdienst eingebettet ist. Dieser Gottesdienst sollte nicht nur vom Kommunionhelfer allein vollzogen, sondern von den Anwesenden mitgefeiert werden.

Darum spricht der Kommunionhelfer, wenn möglich, nicht alle Texte selber. Der Kranke und alle andern bekunden ihr Mitfeiern durch Antworten und Mitbeten. Überdies können einzelne die Lesung, die Fürbitten sowie die Texte zum Kommuniondank übernehmen. Besonders schön wird es natürlich sein, wenn sich alle an einem sich ergebenden Glaubensgespräch beteiligen. Das alles vermag den gemeinsamen Glauben einer (Haus-)Gemeinschaft und ihr liebendes Mittragen des Kranken auszudrücken.

11. Für den Verlauf des Kirchenjahres enthält das Büchlein zehn verschiedene Gottesdienstvorlagen, bei deren Erarbeitung Fürbitten und Orationen aus dem Meßbuch und aus der „Feier des Stundengebetes" Berücksichtigung fanden. Die Vorlagen weisen stets dieselbe Gliederung auf: Eröffnung – (Buß-)Besinnung – Schriftlesung – Gebet – Kommunion – Dank – Segen. Sie erweitern und variieren somit die Riten zur „Krankenkommunion mit außerordentlichem Spender", die in der Studienausgabe „Kommunionspendung und Eucharistieverehrung außerhalb der Messe" (1976 von den Liturgischen Instituten herausgegeben) enthalten sind. Dabei regen die (rotgedruckten) Hinweise in den Formularen wiederholt an, auf Situation und Zustand des Kranken Rücksicht zu nehmen. Wenn etwa im seelsorglichen Gespräch zu Beginn des Gottesdienstes das Leben oder einfach die Anliegen und Sorgen eines Kranken im Licht des Wortes Gottes betrachtet werden, dürfen die Besinnungs- und auch der Schriftteil durchaus entfallen. Es kann manchmal aber auch sein, daß der von Schwäche oder von Schmerzen gezeichnete Zustand des Kranken es nahelegt, sich auf das gemeinsam gebetete Vaterunser, die Kommunionspendung sowie das Segenswort zu beschränken. Zur Erleichterung der Übersicht sind diese wichtigen Teile jeweils am Rand durch eine senkrechte Linie gekennzeichnet. Um ein unnöti-

ges, störendes Suchen in diesem Buch zu vermeiden, sind auch die gleichbleibenden Texte und Rubriken in jedem Formular vollständig wiedergegeben.

12. Zum Vortrag der Lesung kann der Kommunionhelfer sowohl aus den vier Schriftabschnitten in den einzelnen Vorlagen als auch aus den im Anhang enthaltenen Texten einen gut passenden auswählen. Letztere wollen an Maria, der Mutter unseres Herrn, aufzeigen, wie der Christ für das Heilshandeln Gottes in Jesus Christus offen und bereit sein soll. Wenn bei manchen Lesungen einführende Sätze vorangestellt sind, soll damit das Verständnis eines Schrifttextes erleichtert werden. Solche Einleitungssätze können vorgelesen oder – noch besser – mit eigenen Worten wiedergegeben werden.
Die Texte der Lesungen sind in der Regel der Einheitsübersetzung entnommen. Wo es im Blick auf die Situation eines Kranken geraten schien, wurden auch Halbverse ausgelassen. Dies ist bei den Lesungen selbst nicht vermerkt, aber im Verzeichnis der Schriftstellen ausgewiesen. Einige Lesungen sind aus dem gleichen Grund der Übersetzung aus „Die Gute Nachricht“ entnommen. Das Verzeichnis der Schriftstellen im Anhang gibt darüber Aufschluß.

13. Auf drei weitere Elemente im Ritus ist noch kurz hinzuweisen. Beim ersten geht es um das *Weihwasser*, das in manchen Krankenzimmern bereitgestellt wird. Da das Wasser, mit dem die Taufe gespendet wird, Sinnbild der Reinigung und des neuen Lebens ist, sehen die Vorlagen seinen Gebrauch zum Schluß der (Buß-)Besinnung vor, in der um Vergebung der Sünden gebetet wird. Ist ein Kranker nicht in der Lage, das Kreuzzeichen selber über sich zu machen, kann ihm der Kommunionhelfer dieses auf die Stirne zeichnen.
Des weiteren sind zur Danksagung nach dem Kommunionempfang *Lieder* vorgeschlagen, die sich zum Singen in einer

kleinen Hausgemeinde eignen und die nicht zuletzt den Kommuniondank auch emotional zum Ausdruck bringen können. Wo eine andere Singweise als die genannte gebräuchlich ist, sollte man deshalb, soweit dem Kommunionspender möglich, auf die dem Kranken vertraute Melodie (z.B. Diözesananhang im GOTTESLOB) zurückgreifen.
Das dritte Element ist der *Segen.* In jeder Vorlage finden sich zwei Segenstexte, unter denen der Kommunionspender auswählen kann. Der erste ist in der „Dich"-Form gehalten, der zweite in der „Uns"-Form. Letztere wurde auch gewählt bei den aus dem Meßbuch übernommenen Segensformeln, damit sie auch von Laien gesprochen werden können.

14. Der Besuch der Kranken gehört als *Werk der Barmherzigkeit* zum festen Bestandteil der Gemeindearbeit. Er ist selbstverständlich auch dann sinnvoll, wenn Kranke nicht oder nur selten zu kommunizieren wünschen oder aufgrund ihrer Krankheit dazu nicht mehr in der Lage sind. Dann kann dieses Buch eine Hilfe sein für ein Schriftgespräch oder für die Feier eines kleinen Wortgottesdienstes, der Besinnung, Schriftlesung, Gebet und Segen umfaßt.

Spendung der Krankenkommunion in Krankenhäusern, Alten- und Pflegeheimen

15. Gelegentlich kommt es vor, daß ein Gemeindemitglied für längere Zeit in ein Krankenhaus eingewiesen wird oder in ein Alten- oder Pflegeheim eintritt, die seelsorglich nicht von der eigenen Gemeinde betreut werden. Dann ist es für den Kranken oder betagten Mitchristen natürlich schön, wenn er weiterhin vom ihm vertrauten Kommunionhelfer, soweit es diesem möglich ist, besucht wird. Dieser kann mit ihm in der gewohnten Weise sprechen und beten, vielleicht

auch, wie gerade erwähnt, einen kleinen Wortgottesdienst halten. Sollte der Kranke oder Betagte dort, wo er sich aufhält, keine Möglichkeit zu kommunizieren haben, wird sich der Kommunionhelfer dieses Anliegens annehmen. Gegebenenfalls wird er nach Rücksprache mit dem zuständigen (Krankenhaus-)Seelsorger und dem Pflegepersonal weiterhin die Kommunion überbringen.

16. Wenn Mitpatienten in einem Zimmer bereit sind, einen Gottesdienst mit Kommunionspendung mitzufeiern, und auch die Eucharistie empfangen möchten, gilt als pastoraler Grundsatz: Es ist keinem katholischen Gläubigen die Kommunion zu verweigern, der sie zu empfangen wünscht (vgl. can. 843 § 1 CIC); Nichtkatholiken sind auf ein Gespräch mit dem Krankenhausseelsorger zu verweisen.

KRANKENKOMMUNION IM KIRCHENJAHR

I. KRANKENKOMMUNION IM ADVENT: ERSTER ADVENTSSONNTAG BIS WEIHNACHTEN

1. BEGRÜSSUNG UND GESPRÄCH

Der Kommunionspender betritt das Zimmer und sagt:

Friede sei mit diesem Haus.
(Antwort: Und mit allen, die darin wohnen.)

Oder:

Gelobt sei Jesus Christus.
(Antwort: In Ewigkeit. Amen.)

Er stellt das Gefäß mit dem eucharistischen Brot auf den dazu vorgesehenen Platz und verehrt den Leib des Herrn mit einer Kniebeuge oder einer Verneigung. Dann begrüßt er den Kranken und die anderen Anwesenden persönlich. Er erkundigt sich nach dem Befinden des Kranken und gibt ihm die Möglichkeit, sich auszusprechen. Dabei kann es von Vorteil sein, wenn sich die anderen Anwesenden vorübergehend zurückziehen.

Auf das Gespräch folgen Besinnung, Schriftlesung und Fürbitten. Man kann jedoch auf sie teilweise oder ganz verzichten, wenn es der Verlauf des Gespräches nahelegt oder die Verfassung des Kranken es erfordert, und gleich mit dem gemeinsam gesprochenen Gebet des Herrn zur Kommunionspendung überleiten.

2. BESINNUNG

Der Kommunionspender leitet die Besinnung etwa mit folgenden Worten ein:
Es ist Adventszeit. Sie lädt uns ein, auf Jesus Christus auszublicken. Er ist zu unserem Heil Mensch geworden und wird als Richter wiederkommen. Ihn sollen wir in der richtigen Weise erwarten. Dazu ermuntert uns der Völkerapostel Paulus: „Der Herr lasse euch wachsen und reich werden in der Liebe zueinander und zu allen, wie auch wir euch lieben, damit euer Herz gefestigt wird und ihr ohne Tadel seid, geheiligt vor Gott, unserem Vater, wenn Jesus, unser Herr, mit allen seinen Heiligen kommt" (1 Thess 3,12 f.).

Wir besinnen uns jetzt auf unsere Liebe zu Gott und zum Mitmenschen.

Nach einer Zeit der Stille fährt der Kommunionspender fort:

Wo immer wir versagt haben oder schuldig geworden sind, bitten wir vertrauensvoll unseren Heiland und Erlöser um sein Erbarmen:

Jesus Christus,
Menschensohn zur Rechten des Vaters:
Herr, erbarme dich (unser).
A.: **Herr, erbarme dich (unser).**

Du bist als Licht in unser Dunkel gekommen:
Christus, erbarme dich (unser).
A.: **Christus, erbarme dich (unser).**

Du wirst wiederkommen in Herrlichkeit:
Herr, erbarme dich (unser).
A.: **Herr, erbarme dich (unser).**

Lasset uns beten.
Großer und gütiger Gott.
Komm uns zu Hilfe mit deiner Macht.
Steh uns bei in aller Not und Gefahr.
Erlöse uns von Krankheit
und rette uns aus jeder Sünde.
Darum bitten wir dich
durch Christus, unseren Herrn.
A.: Amen.

Nun kann der Kommunionspender dem Kranken Weihwasser reichen, worauf sich beide bekreuzigen.

3. SCHRIFTLESUNG

Der Kommunionspender oder eine andere Person trägt eine der folgenden Lesungen vor. Die manchmal angebotene Hinführung kann einleitend vorgelesen oder mit freien Worten wiedergegeben werden. Nach der Lesung kann der Kommunionspender diese kurz erläutern oder in einem Gespräch mit dem Kranken und den anderen Anwesenden vertiefen.

LESUNG Jes 10,33 – 11,5

[Hinführung: Die Lesung stellt uns ein Bild vor Augen. Die Abholzung ganzer Wälder, von der uns berichtet wird, weist auf die schwere Heimsuchung des Volkes Israel hin, als seine Existenz durch die kriegstüchtigen Babylonier gefährdet schien. In dieser Aussichtslosigkeit konnte jedoch der Prophet auf ein kleines, hoffnungsvolles Zeichen aufmerksam machen.]

Lesung aus dem Buch Jesája.

**Die mächtigen Bäume werden gefällt,
und alles, was hoch ist, wird niedrig.
Das Dickicht des Waldes
wird mit dem Eisen gerodet,
der Libanon fällt durch die Hand eines Mächtigen.
Doch aus dem Baumstumpf Ísais
wächst ein Reis hervor,
ein junger Trieb aus seinen Wurzeln bringt Frucht.
Der Geist des Herrn läßt sich nieder auf ihm:
der Geist der Weisheit und der Einsicht,
der Geist des Rates und der Stärke,
der Geist der Erkenntnis und der Gottesfurcht.**

**Er richtet nicht nach dem Augenschein,
und nicht nur nach dem Hörensagen entscheidet er,
sondern er richtet die Hilflosen gerecht
und entscheidet für die Armen des Landes,
wie es recht ist.
Gerechtigkeit ist der Gürtel um seine Hüften,
Treue der Gürtel um seinen Leib.**

LESUNG Jes 35,1–6.10

[Hinführung: Als das Volk Israel nach der Zerstörung Jerusalems und des Tempels im Jahr 587 vor Christus im Babylonischen Exil leben mußte, war seine Lage hart und aussichtslos. Auf eine Rückkehr in die alte Heimat war nicht zu hoffen. Doch da stand im Exil ein Mann auf, der eine Vision entwickelte und den Vertriebenen Mut machte.]

Lesung aus dem Buch Jesája.

Die Wüste und das trockene Land sollen sich freuen,
die Steppe soll jubeln und blühen.
Sie soll prächtig blühen wie eine Lilie,
jubeln soll sie, jubeln und jauchzen.
Man wird die Herrlichkeit des Herrn sehen,
die Pracht unseres Gottes.

Macht die erschlafften Hände wieder stark
und die wankenden Knie wieder fest!
Sagt den Verzagten: Habt Mut,
fürchtet euch nicht!
Seht, hier ist euer Gott!
Er selbst wird kommen und euch erretten.

Dann werden die Augen der Blinden geöffnet,
auch die Ohren der Tauben sind wieder offen.
Dann springt der Lahme wie ein Hirsch,
die Zunge des Stummen jauchzt auf.
In der Wüste brechen Quellen hervor,
und Bäche fließen in der Steppe.

Die vom Herrn Befreiten kehren zurück
und kommen voll Jubel nach Zion.
Ewige Freude ruht auf ihren Häuptern.
Wonne und Freude stellen sich ein,
Kummer und Seufzen entfliehen.

LESUNG Jes 45, 3.7–8

[Hinführung: Als Gott die Israeliten aus dem Babylonischen Exil befreien wollte, bediente er sich dazu eines Heiden – des Perserkönigs Kyrus. Die erwählenden Worte Gottes an diesen Fürsten enthalten eine Botschaft, die auch für uns von Bedeutung ist.]

Lesung aus dem Buch Jesája.

Du sollst erkennen, daß ich der Herr bin,
der dich bei deinem Namen ruft, ich, Israels Gott.
Ich erschaffe das Licht und mache das Dunkel,
ich bewirke das Heil und erschaffe das Unheil.
Ich bin der Herr, der das alles vollbringt.

Taut, ihr Himmel, von oben,
ihr Wolken, laßt Gerechtigkeit regnen!
Die Erde tue sich auf und bringe das Heil hervor,
sie lasse Gerechtigkeit sprießen.
Ich, der Herr, will es vollbringen.

LESUNG Jak 5,7–11

Lesung aus dem Jakobusbrief.

Brüder und Schwestern, haltet geduldig aus
bis zur Ankunft des Herrn!
Auch der Bauer
wartet auf die kostbare Frucht der Erde,
er wartet geduldig,
bis im Herbst und im Frühjahr der Regen fällt.

Ebenso geduldig sollt auch ihr sein.
Macht euer Herz stark,
denn die Ankunft des Herrn steht nahe bevor.

Klagt nicht übereinander, Brüder (und Schwestern),
damit ihr nicht gerichtet werdet.
Seht, der Richter steht schon vor der Tür.

Brüder (und Schwestern),
im Leiden und in der Geduld
nehmt euch die Propheten zum Vorbild,

die im Namen des Herrn gesprochen haben.
Ihr habt von der Ausdauer des Íjob gehört
und das Ende gesehen,
das der Herr herbeigeführt hat.
Denn der Herr ist voll Erbarmen und Mitleid.

Gespräch über die Lesung oder kurze Stille.

4. GEBET

Vor dem Vaterunser kann der Kommunionspender oder eine andere Person die folgenden Fürbitten vortragen. Sie können aber auch frei formuliert werden.

FÜRBITTEN

Nun bitten wir Jesus,
der als Retter und Heiland,
in unsere Welt gekommen ist
und herrlich wiederkommen wird:
A.: Komm, Herr Jesus.

Du hast die Sünde der Welt hinweggenommen;
vergib denen, die ihre Schuld bekennen.
A.: Komm, Herr Jesus.

Du hast unsere Schwachheit auf dich genommen;
erbarme dich der Hilflosen und Armen.
A.: Komm, Herr Jesus.

Du hast unseren Tod erlitten;
steh den Sterbenden bei in ihrer Not.
A.: Komm, Herr Jesus.

Du wirst einst zum Gericht erscheinen;
führe unsere verstorbenen Brüder und Schwestern in dein Reich.
A.: Komm, Herr Jesus.

VATERUNSER

Wir beten, wie Jesus uns zu beten gelehrt hat:

Vater unser im Himmel,
Geheiligt werde dein Name.
Dein Reich komme.
Dein Wille geschehe, wie im Himmel so auf Erden.
Unser tägliches Brot gib uns heute.
Und vergib uns unsere Schuld,
wie auch wir vergeben unsern Schuldigern.
Und führe uns nicht in Versuchung,
sondern erlöse uns von dem Bösen.

Denn dein ist das Reich und die Kraft
und die Herrlichkeit in Ewigkeit. Amen.

5. KOMMUNION

Der Kommunionspender zeigt das eucharistische Brot und sagt:

Seht das Lamm Gottes,
das hinwegnimmt die Sünde der Welt.

Oder:

Seht das Brot des Lebens,
den Leib unseres Herrn Jesus Christus.

A.: **Herr, ich bin nicht würdig,**
daß du eingehst unter mein Dach,
aber sprich nur ein Wort,
so wird meine Seele gesund.

Der Spender reicht die Kommunion mit den Worten:

Der Leib Christi.
A.: **Amen.**

Nun beten alle einige Zeit in Stille.

6. DANK

Der Kommunionspender kann vor dem abschließenden Gebet die folgenden Liedstrophen vorbeten oder zusammen mit den Anwesenden singen bzw. sprechen:

LIED: GOTTESLOB 106
Kündet allen in der Not:
Fasset Mut und habt Vertrauen.
Bald wird kommen unser Gott;
herrlich werdet ihr ihn schauen.
Allen Menschen wird zuteil Gottes Heil.

Gott naht sich mit neuer Huld,
daß wir uns zu ihm bekehren;
er will lösen unsre Schuld,
ewig soll der Friede währen.
Allen Menschen wird zuteil Gottes Heil.

Aus Gestein und Wüstensand
werden frische Wasser fließen;
Quellen tränken dürres Land,
überreich die Saaten sprießen.
Allen Menschen wird zuteil Gottes Heil.

Blinde schaun zum Licht empor
Stumme werden Hymnen singen,
Tauben öffnet sich das Ohr,
wie ein Hirsch die Lahmen springen.
Allen Menschen wird zuteil Gottes Heil.

Gott wird wenden Not und Leid.
Er wird die Getreuen trösten,
und zum Mahl der Seligkeit
ziehen die vom Herrn Erlösten.
Allen Menschen wird zuteil Gottes Heil.

ABSCHLIESSENDES GEBET

Lasset uns beten.
Barmherziger Gott,
du blickst auf die Not der Menschen
und kennst unsere Leiden und Ängste.
Darum hast du deinen Sohn gesandt.
Er ist Mensch geworden
und schenkt sich uns als Brot des Lebens.
Gib uns die Gnade,
daß wir aus dem Weihnachtsgeheimnis
Mut schöpfen und das Heil erlangen
in der Gemeinschaft mit Jesus Christus,
unserem Herrn.
A.: Amen.

7. SEGEN

Der Kommunionspender spricht eines der beiden folgenden Segensworte über den Kranken:

Gott ist der Herr des Himmels und der Erde,
der Vater aller, die an ihn glauben,
die Liebe, die uns trägt und umfängt.
Er segne und behüte dich.
Er lasse sein Angesicht über dir leuchten
und gebe dir seinen Frieden. – Amen.

Oder:

Der barmherzige Gott hat uns den Glauben
an das Kommen seines Sohnes geschenkt.
Er mache uns standhaft im Glauben,
froh in der Hoffnung
und fest in der Liebe. – Amen.

Zum Schluß bekreuzigen sich alle und sprechen:

Im Namen des Vaters und des Sohnes
und des Heiligen Geistes. Amen.

8. VERABSCHIEDUNG

Bevor sich der Kommunionhelfer verabschiedet, achtet er darauf, ob den Kranken noch etwas beschäftigt, über das er sprechen möchte. Nach Möglichkeit geht der Kommunionhelfer gleich darauf ein oder bietet an, beim nächsten Besuch dafür Zeit zu haben.

II. KRANKENKOMMUNION IN DER WEIHNACHTSZEIT: WEIHNACHTEN BIS TAUFE DES HERRN

1. BEGRÜSSUNG UND GESPRÄCH

Der Kommunionspender betritt das Krankenzimmer und sagt:

Friede sei mit diesem Haus.
(**Antwort: Und mit allen, die darin wohnen.**)

Oder:

Gelobt sei Jesus Christus.
(**Antwort: In Ewigkeit. Amen.**)

Er stellt das Gefäß mit dem eucharistischen Brot auf den dazu vorgesehenen Platz und verehrt den Leib des Herrn mit einer Kniebeuge oder einer Verneigung. Dann begrüßt er den Kranken und die anderen Anwesenden persönlich. Er erkundigt sich nach dem Befinden des Kranken und gibt ihm die Möglichkeit, sich auszusprechen. Dabei kann es von Vorteil sein, wenn sich die anderen Anwesenden vorübergehend zurückziehen.

Auf das Gespräch folgen Besinnung, Schriftlesung und Fürbitten. Man kann jedoch auf sie teilweise oder ganz verzichten, wenn es der Verlauf des Gespräches nahelegt oder die Verfassung des Kranken es erfordert, und gleich mit dem gemeinsam gesprochenen Gebet des Herrn zur Kommunionspendung überleiten.

2. BESINNUNG

Der Kommunionspender leitet die Besinnung etwa mit folgenden Worten ein:

Im ersten Timotheus-Brief ist von einem „wahren Wort“ die Rede, dem alle zustimmen sollen. Dieses „wahre Wort“ lautet: „Christus Jesus ist in die Welt gekommen, um die Sünder zu retten“ (1 Tim 1,15). Das bekennen wir, wenn wir an Weihnachten singen: „Christ, der Retter, ist da.“ Deshalb dürfen wir Jesus, dem Mensch gewordenen Sohn Gottes, anvertrauen, was uns bedrückt und belastet: unsere Krankheit, unsere schweren Stunden, unsere Sünden.

Wir wollen uns auf unser Leben besinnen.

Nach einer Zeit der Stille fährt der Kommunionspender fort:

Jesus Christus, du Sohn des ewigen Vaters:
Herr, erbarme dich (unser).
A.: **Herr, erbarme dich (unser).**

Du Kind der Jungfrau Maria:
Christus, erbarme dich (unser).
A.: **Christus, erbarme dich (unser).**

Du unser Bruder und Heiland:
Herr, erbarme dich (unser).
A.: **Herr, erbarme dich (unser).**

Lasset uns beten.
Liebevoller Gott,
dein Sohn ist Mensch geworden,
um uns von allem Bösen zu befreien.

Gib, daß wir in dem,
was wir denken, reden und tun,
ablegen, was böse ist,
und zu Menschen werden,
die dir wohlgefallen.
Darum bitten wir dich durch ihn,
Christus, unseren Herrn.
A.: **Amen.**

Nun kann der Kommunionspender dem Kranken Weihwasser reichen, worauf sich beide bekreuzigen.

3. SCHRIFTLESUNG

Der Kommunionspender oder eine andere Person trägt eine der folgenden Lesungen vor. Die manchmal angebotene Hinführung kann einleitend vorgelesen oder mit freien Worten wiedergegeben werden. Nach der Lesung kann der Kommunionspender diese kurz erläutern oder in einem Gespräch mit dem Kranken und den anderen Anwesenden vertiefen.

LESUNG Jes 9,1.5–6
[Hinführung: Lange vor Christi Geburt sagte ein Prophet voraus, daß selbst die Heiden, die den Gott Israels nicht kennen, Heil und Frieden erhalten sollen. Vermittler dieses Friedens werde ein Kind aus dem Volke Israel sein.]

Lesung aus dem Buch Jesája.

Das Volk, das im Dunkel lebt,
sieht ein helles Licht;
über denen, die im Land der Finsternis wohnen,
strahlt ein Licht auf.

**Denn uns ist ein Kind geboren,
ein Sohn ist uns geschenkt.
Die Herrschaft liegt auf seiner Schulter;
man nennt ihn: Wunderbarer Ratgeber, Starker Gott,
Vater in Ewigkeit, Fürst des Friedens.
Seine Herrschaft ist groß,
und der Friede hat kein Ende.
Auf dem Thron Davids herrscht er über sein Reich;
er festigt und stützt es
durch Recht und Gerechtigkeit,
jetzt und für alle Zeiten.**

LESUNG Jes 52,7–10

[Hinführung: Zur Zeit des Babylonischen Exils lagen die Stadt Jerusalem und der Tempel auf dem Berg Zion in Trümmern. Die Lage des auserwählten Volkes Gottes schien hoffnungslos zu sein. Da kündete ein Prophet eine Wende zum Besseren an.]

Lesung aus dem Buch Jesája.

**Wie willkommen sind auf den Bergen
die Schritte des Freudenboten,
der Frieden ankündigt,
der eine frohe Botschaft bringt
und Rettung verheißt,
der zu Zion sagt: Dein Gott ist König.**

**Horch, deine Wächter erheben die Stimme,
sie beginnen alle zu jubeln.
Denn sie sehen mit eigenen Augen,
wie der Herr nach Zion zurückkehrt.**

Brecht in Jubel aus, jauchzt alle zusammen,
ihr Trümmer Jerusalems!
Denn der Herr tröstet sein Volk,
er erlöst Jerusalem.
Der Herr macht seinen heiligen Arm frei
vor den Augen aller Völker.
Alle Enden der Erde
sehen das Heil unseres Gottes.

LESUNG Tit 3,3–7

Lesung aus dem Brief des Apostels Paulus an Titus.

Wir wollen nicht vergessen,
daß wir selbst früher
unverständig und ungehorsam waren.
Wir waren vom rechten Weg abgeirrt
und wurden von allen möglichen Wünschen
und Leidenschaften beherrscht.
Wir lebten in Bosheit und Neid,
waren hassenswert und haßten uns gegenseitig.

Aber dann erschien die Freundlichkeit
und Menschenliebe Gottes, unseres Retters.
Wir selbst hatten nichts vorzuweisen,
womit wir sie verdient hätten;
doch Gott hatte Erbarmen mit uns.
Er hat uns gerettet
und zu neuem Leben geboren
durch das Wasser der Taufe
und den heiligen Geist.
Diesen Geist hat uns Gott in reichem Maß
durch Jesus Christus, unseren Retter, geschenkt.

Weil Christus uns die Begnadigung erwirkt hat,
können wir vor Gott bestehen
und dürfen darauf hoffen,
daß er uns ewiges Leben schenkt.

LESUNG Joh 1,1–4.14.18

Lesung aus dem Evangelium nach Johannes.

Im Anfang war das Wort,
und das Wort war bei Gott,
und das Wort war Gott.
Im Anfang war es bei Gott.
Alles ist durch das Wort geworden,
und ohne das Wort wurde nichts, was geworden ist.
In ihm war das Leben,
und das Leben war das Licht der Menschen.

Und das Wort ist Fleisch geworden
und hat unter uns gewohnt,
und wir haben seine Herrlichkeit gesehen,
die Herrlichkeit des einzigen Sohnes vom Vater,
voll Gnade und Wahrheit.

Niemand hat Gott je gesehen.
Der Einzige, der Gott ist
und am Herzen des Vaters ruht,
er hat Kunde gebracht.

Gespräch über die Lesung oder kurze Stille.

4. GEBET

Vor dem Vaterunser kann der Kommunionspender oder eine andere Person die folgenden Fürbitten vortragen. Sie können aber auch frei formuliert werden.

FÜRBITTEN

**Nun beten wir zu Jesus, dem Sohne Gottes,
der in seiner Menschwerdung
unser aller Bruder geworden ist:
Christus, höre uns.
A.: Christus, erhöre uns.**

**Durch deine Geburt aus Maria
ist eine neue Zeit angebrochen;
gib, daß deine Kirche nicht müde wird,
diese neue Zeit anzusagen.
Christus, höre uns.
A.: Christus, erhöre uns.**

**Du bist gekommen,
um die Frohe Botschaft zu verkünden;
verschaffe den Armen Gerechtigkeit
und der Welt Frieden.
Christus, höre uns.
A.: Christus, erhöre uns.**

**Du hast die Gebrechen von uns Menschen getragen;
erleuchte die Ratlosen,
stärke die Schwachen
und tröste die Leidenden.
Christus, höre uns.
A.: Christus, erhöre uns.**

Du hast die menschliche Natur angenommen,
um den Menschen göttliches Leben zu schenken:
vereine die Toten mit dir
in der Herrlichkeit des Vaters.
Christus, höre uns.
A.: Christus, erhöre uns.

VATERUNSER

Nun beten wir, wie Jesus uns zu beten gelehrt hat:

Vater unser im Himmel,
Geheiligt werde dein Name.
Dein Reich komme.
Dein Wille geschehe, wie im Himmel so auf Erden.
Unser tägliches Brot gib uns heute.
Und vergib uns unsere Schuld,
wie auch wir vergeben unsern Schuldigern.
Und führe uns nicht in Versuchung,
sondern erlöse uns von dem Bösen.
Denn dein ist das Reich und die Kraft
und die Herrlichkeit in Ewigkeit. Amen.

5. KOMMUNION

Der Kommunionspender zeigt das eucharistische Brot und sagt:

Seht das Lamm Gottes,
das hinwegnimmt die Sünde der Welt.

Oder:

Seht das Brot des Lebens,
den Leib unseres Herrn Jesus Christus.

A.: **Herr, ich bin nicht würdig,**
daß du eingehst unter mein Dach,
aber sprich nur ein Wort,
so wird meine Seele gesund.

Der Spender reicht die Kommunion mit den Worten:

Der Leib Christi.
A.: **Amen.**

Nun beten alle einige Zeit in Stille.

6. DANK

Der Kommunionspender kann vor dem abschließenden Gebet die folgenden Liedstrophen vorbeten oder zusammen mit den Anwesenden singen bzw. sprechen:

LIED: GOTTESLOB 141, 1–3
Ich steh an deiner Krippe hier,
o Jesu, du mein Leben.
Ich komme, bring und schenke dir,
was du mir hast gegeben.
Nimm hin, es ist mein Geist und Sinn,
Herz, Seel und Mut, nimm alles hin
und laß dir's wohl gefallen.

Da ich noch nicht geboren war,
da bist du mir geboren
und hast mich dir zu eigen gar,
eh ich dich kannt, erkoren.
Eh ich durch deine Hand gemacht,
da hast du schon bei dir bedacht,
wie du mein wolltest werden.

Ich lag in tiefster Todesnacht,
du warest meine Sonne,
die Sonne, die mir zugebracht
Licht, Leben, Freud und Wonne.
O Sonne, die das werte Licht
des Glaubens in mir zugericht',
wie schön sind deine Strahlen.

ABSCHLIESSENDES GEBET

Lasset uns beten.
Großer, gütiger Gott,
wir danken dir, daß dein Sohn Mensch geworden ist
und sich uns als Brot des Lebens schenkt.
Gib uns durch dieses große Geheimnis
Kraft und Zuversicht auf unserem Weg
und erhalte uns in deiner nie versiegenden Liebe.
Darum bitten wir dich durch ihn,
Christus, unseren Herrn.
A.: Amen.

7. SEGEN

Der Kommunionspender spricht eines der beiden folgenden Segensworte über den Kranken:

Gott ist der Herr des Himmels und der Erde,
der Vater aller, die an ihn glauben,
die Liebe, die uns trägt und umfängt.
Er segne und behüte dich.
Er lasse sein Angesicht über dir leuchten
und gebe dir seinen Frieden. – Amen.

Oder:

Der barmherzige Gott
hat durch die Geburt seines Sohnes
die Finsternis vertrieben.
Er mache unsere Herzen hell
mit dem Licht seiner Gnade. – Amen.

Zum Schluß bekreuzigen sich alle und sprechen:

Im Namen des Vaters und des Sohnes
und des Heiligen Geistes. Amen.

8. VERABSCHIEDUNG

Bevor sich der Kommunionhelfer verabschiedet, achtet er darauf, ob den Kranken noch etwas beschäftigt, über das er sprechen möchte. Nach Möglichkeit geht der Kommunionhelfer gleich darauf ein oder bietet an, beim nächsten Besuch dafür Zeit zu haben.

III. KRANKENKOMMUNION IM JAHRESKREIS: TAUFE DES HERRN BIS ASCHERMITTWOCH

1. BEGRÜSSUNG UND GESPRÄCH

Der Kommunionspender betritt das Krankenzimmer und sagt:

Friede sei mit diesem Haus.
(Antwort: Und mit allen, die darin wohnen.)

Oder:

Gelobt sei Jesus Christus.
(Antwort: In Ewigkeit. Amen.)

Er stellt das Gefäß mit dem eucharistischen Brot auf den dazu vorgesehenen Platz und verehrt den Leib des Herrn mit einer Kniebeuge oder einer Verneigung. Dann begrüßt er den Kranken und die anderen Anwesenden persönlich. Er erkundigt sich nach dem Befinden des Kranken und gibt ihm die Möglichkeit, sich auszusprechen. Dabei kann es von Vorteil sein, wenn sich die anderen Anwesenden vorübergehend zurückziehen.

Auf das Gespräch folgen Besinnung, Schriftlesung und Fürbitten. Man kann jedoch auf sie teilweise oder ganz verzichten, wenn es der Verlauf des Gespräches nahelegt oder die Verfassung des Kranken es erfordert, und gleich mit dem gemeinsam gesprochenen Gebet des Herrn zur Kommunionspendung überleiten.

2. BESINNUNG

Der Kommunionspender leitet die Besinnung etwa mit folgenden Worten ein:

Der Verfasser des Hebräerbriefes bezeichnet den Sohn Gottes, der Mensch geworden ist, als Hohenpriester, das heißt als Obersten Priester. Von ihm, von Jesus, lesen wir im Hebräerbrief: „Er gehört nicht zu denen, die kein Verständnis für unsere Schwächen haben. Im Gegenteil, unser Oberster Priester wurde genau wie wir auf die Probe gestellt, und blieb doch ohne Sünde. Darum wollen wir mit Zuversicht vor den Thron treten, auf dem die Gnade regiert. Dort werden wir immer, wenn wir Hilfe brauchen, Liebe und Erbarmen finden“ (Hebr 4,15–16).

Im Vertrauen auf die Liebe und das Erbarmen Gottes besinnen wir uns.

Nach einer Zeit der Stille fährt der Kommunionspender fort:

Wo immer wir versagt haben oder schuldig geworden sind, bitten wir unseren Heiland und Erlöser um sein Erbarmen:

Jesus Christus, du Licht in unserem Dunkel:
Herr, erbarme dich (unser).
A.: **Herr, erbarme dich (unser).**

Du Heiland der Armen und Kranken:
Christus, erbarme dich (unser).
A.: **Christus, erbarme dich (unser).**

Du Retter aus Sünde und Tod:
Herr, erbarme dich (unser).
A.: **Herr, erbarme dich (unser).**

Lasset uns beten.
Gott, du liebst deine Geschöpfe,
und es ist deine Freude,
bei den Menschen zu wohnen.
Gib uns ein neues und reines Herz,
das bereit ist, dich aufzunehmen.
Darum bitten wir dich
durch Christus, unseren Herrn.
A.: Amen.

Nun kann der Kommunionspender dem Kranken Weihwasser reichen, worauf sich beide bekreuzigen.

3. SCHRIFTLESUNG

Der Kommunionspender oder eine andere Person trägt eine der folgenden Lesungen vor. Die zu Röm 11,33–36 angebotene Hinführung kann einleitend vorgelesen oder mit freien Worten wiedergegeben werden. Nach der Lesung kann der Kommunionspender diese kurz erläutern oder in einem Gespräch mit dem Kranken und den anderen Anwesenden vertiefen.

LESUNG Röm 8,16–19.25

Lesung aus dem Brief des Apostels Paulus
an die Römer.

Brüder und Schwestern!
Gottes Geist bestätigt unserem Geist,
daß wir wirklich Gottes Kinder sind.
Wenn wir aber Gottes Kinder sind,
dann wird Gott uns auch schenken,
was er seinen Kindern versprochen hat.

**Er will uns das Leben in Herrlichkeit schenken,
das er Christus gegeben hat.
Wenn wir wirklich mit Christus leiden,
dann sollen wir auch
seine Herrlichkeit mit ihm teilen.**

**Ich bin überzeugt:
Die künftige Herrlichkeit,
die Gott für uns bereithält,
ist so groß,
daß alles, was wir jetzt leiden müssen,
in gar keinem Verhältnis dazu steht.
Alle Geschöpfe warten sehnsüchtig darauf,
daß Gott seine Kinder vor aller Welt
mit dieser Herrlichkeit ausstattet.**

**Also hoffen wir auf das,
was wir noch nicht sehen,
und warten geduldig darauf.**

LESUNG Röm 11, 33–36
[Hinführung: Ausführlich beschäftigte sich Paulus im Römerbrief mit einem Problem, das ihn geradezu quälte: Sind die Juden, das einst auserwählte Volk, von Gott verworfen? Nach langem Ringen kommt der Apostel zur Überzeugung: Gott ließ es zu, daß ihm alle Menschen ungehorsam wurden, „weil er alle begnadigen will" (Röm 11, 32). Als Paulus diese Einsicht gewonnen hatte, konnte er über die Wege Gottes, die auch uns oft unbegreiflich sind, nur noch staunen.]

Lesung aus dem Brief des Apostels Paulus
an die Römer.

O Tiefe des Reichtums,
der Weisheit und der Erkenntnis Gottes!
Wie unergründlich sind seine Entscheidungen,
wie unerforschlich seine Wege!
Denn wer hat die Gedanken des Herrn erkannt?
Oder wer ist sein Ratgeber gewesen?

Wer hat ihm etwas gegeben,
so daß Gott ihm etwas zurückgeben müßte?

Denn aus ihm und durch ihn und auf ihn hin
ist die ganze Schöpfung.
Ihm sei Ehre in Ewigkeit! Amen.

LESUNG 1 Joh 4,9–11

Lesung aus dem ersten Johannesbrief.

Liebe Brüder und Schwestern!
Gottes Liebe zu uns hat sich darin gezeigt,
daß er seinen einzigen Sohn in die Welt sandte.
Durch ihn wollte er uns das neue Leben schenken.
Das Besondere an dieser Liebe ist:
Nicht wir haben Gott geliebt,
sondern er hat uns geliebt.
Er hat seinen Sohn gesandt,
der sich für uns opferte,
um unsere Schuld von uns zu nehmen.

Liebe Freunde,
wenn Gott uns so sehr geliebt hat,
dann müssen auch wir einander lieben.

LESUNG Lk 4,16–21

Lesung aus dem Evangelium nach Lukas.

Zu Beginn seiner Tätigkeit in Galiläa
kam Jesus nach Nazaret,
wo er aufgewachsen war,
und ging, wie gewohnt, am Sabbat in die Synagoge.
Als er aufstand, um aus der Schrift vorzulesen,
reichte man ihm das Buch des Propheten Jesája.
Er schlug das Buch auf
und fand die Stelle, wo es heißt:

Der Geist des Herrn ruht auf mir;
denn der Herr hat mich gesalbt.
Er hat mich gesandt,
damit ich den Armen eine gute Nachricht bringe;
damit ich den Gefangenen die Entlassung verkünde
und den Blinden das Augenlicht;
damit ich die Zerschlagenen in Freiheit setze
und ein Gnadenjahr des Herrn ausrufe.

Dann schloß er das Buch,
gab es dem Synagogendiener und setzte sich.
Die Augen aller in der Synagoge
waren auf ihn gerichtet.
Da begann er, ihnen darzulegen:
Heute hat sich das Schriftwort,
das ihr eben gehört habt, erfüllt.

Gespräch über die Lesung oder kurze Stille.

4. GEBET

Vor dem Vaterunser kann der Kommunionspender oder eine andere Person die folgenden Fürbitten vortragen. Sie können aber auch frei formuliert werden.

FÜRBITTEN

Laßt uns beten zu Gott, dem Vater,
der uns zu seinem Volk gerufen hat.

Für die Glieder der Kirche in aller Welt;
Vater, führe sie durch deinen Geist.
A.: **Wir bitten dich, erhöre uns.**

Für die Kranken und Leidenden;
laß sie die Gemeinschaft mit Jesus Christus,
unserem Herrn und Bruder, erfahren.
A.: **Wir bitten dich, erhöre uns.**

Für die Hungernden, Obdachlosen und Flüchtlinge;
hilf ihnen Armut und Elend überwinden.
A.: **Wir bitten dich, erhöre uns.**

Für die Völker,
die unter Kriegen und Unruhen leiden;
schenke ihnen Gerechtigkeit und Frieden.
A.: **Wir bitten dich, erhöre uns.**

Für unsere lieben Verstorbenen;
nimm sie auf in deine ewige Wohnung.
A.: **Wir bitten dich, erhöre uns.**

VATERUNSER

Nun beten wir, wie Jesus uns zu beten gelehrt hat:

Vater unser im Himmel,
Geheiligt werde dein Name.
Dein Reich komme.
Dein Wille geschehe, wie im Himmel so auf Erden.
Unser tägliches Brot gib uns heute.
Und vergib uns unsere Schuld,
wie auch wir vergeben unsern Schuldigern.
Und führe uns nicht in Versuchung,
sondern erlöse uns von dem Bösen.

Denn dein ist das Reich und die Kraft
und die Herrlichkeit in Ewigkeit. Amen.

5. KOMMUNION

Der Kommunionspender zeigt das eucharistische Brot und sagt:

Seht das Lamm Gottes,
das hinwegnimmt die Sünde der Welt.

Oder:

Seht das Brot des Lebens,
den Leib unseres Herrn Jesus Christus.

A.: Herr, ich bin nicht würdig,
daß du eingehst unter mein Dach,
aber sprich nur ein Wort,
so wird meine Seele gesund.

Der Spender reicht die Kommunion mit den Worten:

Der Leib Christi.

A.: **Amen.**

Nun beten alle einige Zeit in Stille.

6. DANK

Der Kommunionspender kann vor dem abschließenden Gebet die folgenden Liedstrophen vorbeten oder zusammen mit den Anwesenden singen bzw. sprechen:

LIED: GOTTESLOB 494

Gott sei gelobet und gebenedeiet,
der uns selber hat gespeiset
mit seinem Fleische und mit seinem Blute;
das gib uns, Herr Gott, zugute.
Kyrieleison.
Herr, du nahmest menschlichen Leib an,
der von deiner Mutter Maria kam.
Durch dein Fleisch und dein Blut
hilf uns, Herr, aus aller Not.
Kyrieleison.

Dein heilger Leib ist in den Tod gegeben,
daß wir alle dadurch leben.
Nicht größre Güte konnte er uns schenken;
dabei wir solln sein gedenken.
Kyrieleison.
Herr, du nahmest menschlichen Leib an,
der von deiner Mutter Maria kam.
Durch dein Fleisch und dein Blut
hilf uns, Herr, aus aller Not.
Kyrieleison.

Gott geb uns allen seiner Gnade Segen,
daß wir gehn auf seinen Wegen
in rechter Lieb und brüderlicher Treue,
daß die Speis uns nicht gereue.
Kyrieleison.
Herr, du nahmest menschlichen Leib an,
der von deiner Mutter Maria kam.
Durch dein Fleisch und dein Blut
hilf uns, Herr, aus aller Not.
Kyrieleison.

ABSCHLIESSENDES GEBET

Lasset uns beten.
Allmächtiger, barmherziger Gott,
durch den Leib deines geliebten Sohnes
schenkst du uns immer wieder neu Anteil
an deinem göttlichen Leben.
Wir danken für deine Güte und bitten dich:
Laß uns niemals von dir getrennt werden,
sondern bewahre uns stets in deiner Liebe
durch Jesus Christus, unseren Herrn.
A.: Amen.

7. SEGEN

Der Kommunionspender spricht eines der beiden folgenden Segensworte über den Kranken:

Gott ist der Herr des Himmels und der Erde,
der Vater aller, die an ihn glauben,
die Liebe, die uns trägt und umfängt.
Er segne und behüte dich.

**Er lasse sein Angesicht über dir leuchten
und gebe dir seinen Frieden. – Amen.**

Oder:

**Gott, unser Vater,
ist die Quelle und der Ursprung alles Guten.
Er bewahre uns in aufrichtigem Glauben,
in unerschütterlicher Hoffnung
und in wahrer Liebe. – Amen.**

Zum Schluß bekreuzigen sich alle und sprechen:

**Im Namen des Vaters und des Sohnes
und des Heiligen Geistes. Amen.**

8. VERABSCHIEDUNG

Bevor sich der Kommunionhelfer verabschiedet, achtet er darauf, ob den Kranken noch etwas beschäftigt, über das er sprechen möchte. Nach Möglichkeit geht der Kommunionhelfer gleich darauf ein oder bietet an, beim nächsten Besuch dafür Zeit zu haben.

IV. KRANKENKOMMUNION IN DER FASTENZEIT: ASCHERMITTWOCH BIS FÜNFTER FASTENSONNTAG

1. BEGRÜSSUNG UND GESPRÄCH

Der Kommunionspender betritt das Krankenzimmer und sagt:

Friede sei mit diesem Haus.
(Antwort: **Und mit allen, die darin wohnen.**)

Oder:

Gelobt sei Jesus Christus.
(Antwort: **In Ewigkeit. Amen.**)

Er stellt das Gefäß mit dem eucharistischen Brot auf den dazu vorgesehenen Platz und verehrt den Leib des Herrn mit einer Kniebeuge oder einer Verneigung. Dann begrüßt er den Kranken und die anderen Anwesenden persönlich. Er erkundigt sich nach dem Befinden des Kranken und gibt ihm die Möglichkeit, sich auszusprechen. Dabei kann es von Vorteil sein, wenn sich die anderen Anwesenden vorübergehend zurückziehen.
Auf das Gespräch folgen Besinnung, Schriftlesung und Fürbitten. Man kann jedoch auf sie teilweise oder ganz verzichten, wenn es der Verlauf des Gespräches nahelegt oder die Verfassung des Kranken es erfordert, und gleich mit dem gemeinsam gesprochenen Gebet des Herrn zur Kommunionspendung überleiten.

2. BESINNUNG

Der Kommunionspender leitet die Besinnung etwa mit folgenden Worten ein:

Die vierzigtägige Fastenzeit hat in der Liturgie den Namen „Österliche Bußzeit". Wir bereuen unsere Schuld im Blick auf das Fest unserer Erlösung, weil wir wissen, daß Gott uns vergeben will. Von dieser vergebenden Liebe Gottes spricht schon das Buch der Weisheit: „Herr, du hast mit allen Erbarmen, weil du alles vermagst, und siehst über die Menschen hinweg, damit sie sich bekehren. Du liebst alles, was ist, und verabscheust nichts von allem, was du gemacht hast" (Weish 11,23–24 a).

Wir fragen uns jetzt, wo wir der Vergebung Gottes bedürfen.

Nach einer Zeit der Stille fährt der Kommunionspender fort:

Wo immer wir versagt haben oder schuldig geworden sind, bitten wir vertrauensvoll unseren Heiland und Erlöser um sein Erbarmen:

Jesus Christus,
du rufst die Menschen zur Umkehr:
Herr, erbarme dich (unser).
A.: **Herr, erbarme dich (unser).**

Du wendest dich den Sündern zu:
Christus, erbarme dich (unser).
A.: **Christus, erbarme dich (unser).**

Du bringst uns die Vergebung des Vaters:
Herr, erbarme dich (unser).
A.: **Herr, erbarme dich (unser).**

Der allmächtige Gott erbarme sich unser.
Er lasse uns die Sünden nach
und führe uns zum ewigen Leben.
A.: **Amen.**

Nun kann der Kommunionspender dem Kranken Weihwasser reichen, worauf sich beide bekreuzigen.

3. SCHRIFTLESUNG

Der Kommunionspender oder eine andere Person trägt eine der folgenden Lesungen vor. Die manchmal angebotene Hinführung kann einleitend vorgelesen oder mit freien Worten wiedergegeben werden. Nach der Lesung kann der Kommunionspender diese kurz erläutern oder in einem Gespräch mit dem Kranken und den anderen Anwesenden vertiefen.

LESUNG Jes 30,15.18

[Hinführung: Dem Volke Israel waren immer wieder Bündnisse mit heidnischen Nachbarvölkern wichtiger als der Bund mit seinem Gott. Dadurch stürzte es sich oft selber ins Verderben. Doch Gott hörte nie auf, um sein Volk zu werben.]

Lesung aus dem Buch Jesája.

So spricht der Herr, der Heilige Israels:
Nur in Umkehr und Ruhe liegt eure Rettung,
nur Stille und Vertrauen verleihen euch Kraft.
Darum wartet der Herr darauf,
euch seine Gnade zu zeigen;
darum erhebt er sich,
um euch sein Erbarmen zu schenken.
Denn der Herr ist ein Gott des Rechtes;
wohl denen, die auf ihn warten.

LESUNG Phil 2,13–15

[Hinführung: Im Philipperbrief fordert Paulus die Gläubigen auf, ganz nach dem Beispiel Jesu zu leben, der sich bis zum Tod am Kreuz zum Diener aller gemacht hat. Wer den Mitmenschen wie Jesus dienen will, muß sich zwar mit ganzer Kraft darum bemühen. Er darf aber auch wissen, daß das Gelingen seines Dienstes nicht allein von ihm abhängt – im Gegenteil!]

Lesung aus dem Brief des Apostels Paulus
an die Philipper.

Brüder und Schwestern!
Gott gibt euch nicht nur den guten Willen,
sondern er selbst arbeitet an euch,
damit seine Gnade bei euch ihr Ziel erreicht.

Tut, was Gott gefällt,
ohne Wenn und Aber!
Dann seid ihr rein und fehlerlos
und erweist euch als Gottes vollkommene Kinder
mitten unter verirrten und verdorbenen Menschen.
Unter ihnen werdet ihr leuchten
wie die Sterne am nächtlichen Himmel.

LESUNG Hebr 10, 32–36

[Hinführung: Bereits in der apostolischen Zeit gab es Gläubige, die sich einmal voller Begeisterung hatten taufen lassen. Dann aber wurden sie durch Schwierigkeiten mehr und mehr entmutigt, so daß sie zu resignieren drohten. An sie wendet sich der Hebräerbrief, um in ihnen die Zuversicht neu zu wecken.]

Lesung aus dem Hebräerbrief.

Brüder und Schwestern!
Denkt daran, wie ihr euch früher bewährt habt,
gleich nachdem ihr die Wahrheit
kennengelernt hattet.
Damals mußtet ihr einen langen
und harten Kampf bestehen.
Die einen
wurden öffentlich beleidigt und mißhandelt,
und die anderen standen zu ihnen.
Ihr habt mit den Gefangenen gelitten.
Wenn man euer Eigentum fortnahm,
habt ihr es voll Freude ertragen,
weil ihr wußtet,
daß ihr einen viel besseren Besitz habt,
den man euch nicht nehmen kann.

Werft euer Vertrauen nicht weg;
denn eine große Belohnung wartet auf euch,
wenn ihr treu bleibt.
Ihr müßt standhaft bleiben und tun,
was Gott will.
Nur dann bekommt ihr,
was er versprochen hat.

LESUNG Offb 3,14.20

Lesung aus der Offenbarung des Johannes.

Diese Botschaft kommt von dem,
der „Amen" heißt (von Jesus Christus).
Er ist der wahrhaftige und treue Zeuge,
von dem alles kommt,
was Gott geschaffen hat.

Hört gut zu:
Ich stehe vor der Tür und klopfe an.
Wenn jemand meine Stimme hört und öffnet,
werde ich bei ihm einkehren.
Ich werde mit ihm essen
und er mit mir.

Gespräch über die Lesung oder kurze Stille.

4. GEBET

Vor dem Vaterunser kann der Kommunionspender oder eine andere Person die folgenden Fürbitten vortragen. Diese können aber auch frei formuliert werden.

FÜRBITTEN

Zu Jesus, unserem Bruder und Herrn, der uns aller Not entreißen will, laßt uns vertrauensvoll rufen:
A.: **Wir bitten dich, erhöre uns.**

Du hast dich dahingegeben für deine Kirche; schenke ihr neues Leben durch Fasten und Buße.
A.: **Wir bitten dich, erhöre uns.**

Du gibst den jungen Menschen
ein Ziel ihres Strebens;
zeige ihnen den rechten Weg.
A.: Wir bitten dich, erhöre uns.

Du erbarmst dich der Kranken und Leidenden;
laß sie deine Nähe und Hilfe erfahren.
A.: Wir bitten dich, erhöre uns.

Du läßt keinen im Stich, der auf dich vertraut;
gib unseren Verstorbenen das ewige Leben.
A.: Wir bitten dich, erhöre uns.

VATERUNSER

Nun beten wir, wie Jesus uns zu beten gelehrt hat:

Vater unser im Himmel,
Geheiligt werde dein Name.
Dein Reich komme.
Dein Wille geschehe, wie im Himmel so auf Erden.
Unser tägliches Brot gib uns heute.
Und vergib uns unsere Schuld,
wie auch wir vergeben unsern Schuldigern.
Und führe uns nicht in Versuchung,
sondern erlöse uns von dem Bösen.

Denn dein ist das Reich und die Kraft
und die Herrlichkeit in Ewigkeit. Amen.

5. KOMMUNION

Der Kommunionspender zeigt das eucharistische Brot und sagt:

Seht das Lamm Gottes,
das hinwegnimmt die Sünde der Welt.

Oder:

Seht das Brot des Lebens,
den Leib unseres Herrn Jesus Christus.

A.: **Herr, ich bin nicht würdig,**
daß du eingehst unter mein Dach,
aber sprich nur ein Wort,
so wird meine Seele gesund.

Der Spender reicht die Kommunion mit den Worten:

Der Leib Christi.
A.: **Amen.**

Nun beten alle einige Zeit in Stille.

6. DANK

Der Kommunionspender kann vor dem abschließenden Gebet die folgenden Liedstrophen vorbeten oder zusammen mit den Anwesenden singen bzw. sprechen:

LIED: GOTTESLOB 178

Wir danken dir, Herr Jesu Christ,
daß du für uns gestorben bist
und hast uns durch dein teures Blut
gemacht vor Gott gerecht und gut.

Wir bitten, wahrer Mensch und Gott:
Durch deine Wunden, Schmach und Spott
erlös uns von dem ewgen Tod
und tröst uns in der letzten Not.

Behüt uns auch vor Sünd und Schand
und reich uns dein allmächtig Hand,
daß wir im Kreuz geduldig sein,
getröstet durch dein schwere Pein,

und schöpfen draus die Zuversicht,
daß du uns wirst verlassen nicht,
sondern ganz treulich bei uns stehn,
daß wir durchs Kreuz ins Leben gehn.

ABSCHLIESSENDES GEBET

Lasset uns beten.
Allmächtiger Gott,
du schenkst uns die heiligen vierzig Tage
als eine Zeit der Umkehr und der Buße.
Gib uns durch ihre Feier die Gnade,
daß wir in der Erkenntnis Jesu Christi
voranschreiten und die Kraft seiner Erlösungstat
durch ein Leben aus dem Glauben sichtbar machen.
Darum bitten wir dich durch ihn,
der in der Einheit des Heiligen Geistes
mit dir lebt und herrscht in alle Ewigkeit.
A.: Amen.

7. SEGEN

Der Kommunionspender spricht eines der beiden folgenden Segensworte über den Kranken:

**Gott ist der Herr des Himmels und der Erde,
der Vater aller, die an ihn glauben,
die Liebe, die uns trägt und umfängt.
Er segne und behüte dich.
Er lasse sein Angesicht über dir leuchten
und gebe dir seinen Frieden. – Amen.**

Oder:

**Gott ist unser liebender Vater.
Er bewahre uns vor Unheil und Schaden;
er lasse uns erkennen, was uns zum Heile dient,
und führe uns zur unvergänglichen Freude.
Amen.**

Zum Schluß bekreuzigen sich alle und sprechen:

**Im Namen des Vaters und des Sohnes
und des Heiligen Geistes. Amen.**

8. VERABSCHIEDUNG

Bevor sich der Kommunionhelfer verabschiedet, achtet er darauf, ob den Kranken noch etwas beschäftigt, über das er sprechen möchte. Nach Möglichkeit geht der Kommunionhelfer gleich darauf ein oder bietet an, beim nächsten Besuch dafür Zeit zu haben.

V. KRANKENKOMMUNION IN DER FASTENZEIT: FÜNFTER FASTENSONNTAG BIS KARFREITAG

1. BEGRÜSSUNG UND GESPRÄCH

Der Kommunionspender betritt das Krankenzimmer und sagt:

Friede sei mit diesem Haus.
(**Antwort:** **Und mit allen, die darin wohnen.**)

Oder:

Gelobt sei Jesus Christus.
(**Antwort:** **In Ewigkeit. Amen.**)

Er stellt das Gefäß mit dem eucharistischen Brot auf den dazu vorgesehenen Platz und verehrt den Leib des Herrn mit einer Kniebeuge oder einer Verneigung. Dann begrüßt er den Kranken und die anderen Anwesenden persönlich. Er erkundigt sich nach dem Befinden des Kranken und gibt ihm die Möglichkeit, sich auszusprechen. Dabei kann es von Vorteil sein, wenn sich die anderen Anwesenden vorübergehend zurückziehen.

Auf das Gespräch folgen Besinnung, Schriftlesung und Fürbitten. Man kann jedoch auf sie teilweise oder ganz verzichten, wenn es der Verlauf des Gespräches nahelegt oder die Verfassung des Kranken es erfordert, und gleich mit dem gemeinsam gesprochenen Gebet des Herrn zur Kommunionspendung überleiten.

2. BESINNUNG

Der Kommunionspender leitet die Besinnung etwa mit folgenden Worten ein:

In den Tagen vor Ostern gedenken wir in besonderer Weise der Passion, des Leidens, das Christus für uns auf sich genommen hat. Wir sind uns unserer Sünden bewußt, die durch Christi Tod am Kreuz getilgt wurden. Er, Jesus, ist ja der Gottesknecht, von dem Gott, unser Vater, durch den Propheten Jesája voraussagte: Ich gebe meinem Knecht „seinen Anteil unter den Großen, weil er sein Leben dem Tod preisgab und sich unter die Verbrecher rechnen ließ. Denn er trug die Sünden von vielen und trat für die Schuldigen ein" (Jes 53,12).

Wir wollen auf das Kreuz unseres Erlösers blicken und uns fragen, was unsere Schuld ist, die Jesus auf sich genommen hat.

Nach einer Zeit der Stille fährt der Kommunionspender fort:

Rufen wir zu Jesus,
dem Heiland der Kranken und Sünder:
Erbarme dich unser.
A.: **Erbarme dich unser.**

Jesus, du Sohn des lebendigen Gottes:
A.: **Erbarme dich unser.**

Du Mittler des Neuen Bundes:
A.: **Erbarme dich unser.**

Du Haupt und Herr deiner Kirche:
A.: **Erbarme dich unser.**

Du bist unseren Weg gegangen:
A.: **Erbarme dich unser.**

Du hast Kreuz und Leiden für uns getragen:
A.: **Erbarme dich unser.**

Du bist als erster von den Toten auferstanden:
A.: **Erbarme dich unser.**

Der allmächtige Gott erbarme sich unser.
Er lasse uns die Sünden nach
und führe uns zum ewigen Leben.
A.: **Amen.**

Nun kann der Kommunionspender dem Kranken Weihwasser reichen, worauf sich beide bekreuzigen.

3. SCHRIFTLESUNG

Der Kommunionspender oder eine andere Person trägt eine der folgenden Lesungen vor. Die zu Jes 53, 3–5 angebotene Hinführung kann einleitend vorgelesen oder mit freien Worten wiedergegeben werden. Nach der Lesung kann der Kommunionspender diese kurz erläutern oder in einem Gespräch mit dem Kranken und den anderen Anwesenden vertiefen.

LESUNG Jes 53, 3–5
[Hinführung: Im vierten und letzten seiner Gottesknechtlieder schildert Jesája einen Schmerzensmann, in dem wir die Züge Jesu, unseres Herrn, erkennen.]

Lesung aus dem Buch Jesája.

Der Knecht Gottes wurde verachtet
und von den Menschen gemieden,
ein Mann voller Schmerzen,
mit Krankheit vertraut.

Wie einer, vor dem man das Gesicht verhüllt,
war er verachtet;
wir schätzten ihn nicht.

Aber er hat unsere Krankheit getragen
und unsere Schmerzen auf sich geladen.
Wir meinten, er sei von Gott geschlagen,
von ihm getroffen und gebeugt.
Doch er wurde durchbohrt
wegen unserer Verbrechen,
wegen unserer Sünden zermalmt.
Zu unserem Heil lag die Strafe auf ihm,
durch seine Wunden sind wir geheilt.

LESUNG Phil 2,5–11

Lesung aus dem Brief des Apostels Paulus
an die Philipper.

Brüder und Schwestern!
Seid untereinander so gesinnt,
wie es dem Leben in Christus Jesus entspricht:

Er war Gott gleich,
hielt aber nicht daran fest, wie Gott zu sein,
sondern er entäußerte sich
und wurde wie ein Sklave
und den Menschen gleich.
Sein Leben war das eines Menschen;
er erniedrigte sich
und war gehorsam bis zum Tod,
bis zum Tod am Kreuz.

Darum hat ihn Gott über alle erhöht
und ihm den Namen verliehen,
der größer ist als alle Namen,
damit alle im Himmel,
auf der Erde und unter der Erde
ihre Knie beugen vor dem Namen Jesu
und jeder Mund bekennt:
„Jesus Christus ist der Herr" –
zur Ehre Gottes, des Vaters.

LESUNG 1 Petr 2, 21–24

Lesung aus dem ersten Brief des Apostels Petrus.

Liebe Brüder und Schwestern!
Christus hat für euch gelitten
und euch ein Beispiel gegeben,
damit ihr seinen Spuren folgt.

Er hat keine Sünde begangen,
und in seinem Mund war kein trügerisches Wort.
Er wurde geschmäht, schmähte aber nicht;
er litt, drohte aber nicht,
sondern überließ seine Sache
dem gerechten Richter.

Er hat unsere Sünden mit seinem Leib
auf das Holz des Kreuzes getragen,
damit wir tot seien für die Sünden
und für die Gerechtigkeit leben.
Durch seine Wunden seid ihr geheilt.

LESUNG Lk 22,14–16.19–20

Lesung aus dem Evangelium nach Lukas.

Als die Stunde gekommen war,
begab sich Jesus mit den Aposteln zu Tisch.
Und er sagte zu ihnen:
Ich habe mich sehr danach gesehnt,
vor meinem Leiden
dieses Pás-chamahl mit euch zu essen.
Denn ich sage euch:
Ich werde es nicht mehr essen, bis das Mahl
seine Erfüllung findet im Reich Gottes.
Und er nahm Brot, sprach das Dankgebet,
brach das Brot und reichte es ihnen mit den Worten:
Das ist mein Leib, der für euch hingegeben wird.
Tut dies zu meinem Gedächtnis!
Ebenso nahm er nach dem Mahl
den Kelch und sagte:
Dieser Kelch ist der Neue Bund in meinem Blut,
das für euch vergossen wird.

Gespräch über die Lesung oder kurze Stille.

4. GEBET

Vor dem Vaterunser kann der Kommunionspender oder eine andere Person die folgenden Fürbitten vortragen. Sie können aber auch frei formuliert werden.

FÜRBITTEN

Laßt uns zu Jesus Christus beten,
der uns das neue Gebot der Liebe gegeben hat:
Christus, höre uns.
A.: Christus, erhöre uns.

Du hast zu deinen Jüngern gesagt:
„Liebt einander, wie ich euch geliebt habe";
hilf deinen Gläubigen zu tun,
was du geboten hast.
Christus, höre uns.
A.: Christus, erhöre uns.

Du hast uns im Geheimnis des Altares
das Vermächtnis deiner Liebe hinterlassen;
stärke in allen, die von deinem Tisch essen,
die Gemeinschaft mit dir und untereinander.
Christus, höre uns.
A.: Christus, erhöre uns.

Du hast am Kreuz für deine Henker gebetet;
gib den verfolgten Christen die Kraft,
ihren Feinden zu verzeihen.
Christus, höre uns.
A.: Christus, erhöre uns.

Am Jüngsten Tag wirst du sagen:
„Kommt, ihr Gesegneten meines Vaters,
und besitzet das Reich";
führe unsere Verstorbenen in das Reich,
das ihnen bereitet ist.
Christus, höre uns.
A.: Christus, erhöre uns.

VATERUNSER

Nun beten wir, wie Jesus uns zu beten gelehrt hat:

Vater unser im Himmel,
Geheiligt werde dein Name.
Dein Reich komme.

**Dein Wille geschehe, wie im Himmel so auf Erden.
Unser tägliches Brot gib uns heute.
Und vergib uns unsere Schuld,
wie auch wir vergeben unsern Schuldigern.
Und führe uns nicht in Versuchung,
sondern erlöse uns von dem Bösen.**

**Denn dein ist das Reich und die Kraft
und die Herrlichkeit in Ewigkeit. Amen.**

5. KOMMUNION

Der Kommunionspender zeigt das eucharistische Brot und sagt:

**Seht das Lamm Gottes,
das hinwegnimmt die Sünde der Welt.**

Oder:

**Seht das Brot des Lebens,
den Leib unseres Herrn Jesus Christus.**

A.: **Herr, ich bin nicht würdig,
daß du eingehst unter mein Dach,
aber sprich nur ein Wort,
so wird meine Seele gesund.**

Der Spender reicht die Kommunion mit den Worten:

Der Leib Christi.

A.: **Amen.**

Nun beten alle einige Zeit in Stille.

6. DANK

Der Kommunionspender kann vor dem abschließenden Gebet die folgenden Liedstrophen vorbeten oder zusammen mit den Anwesenden singen bzw. sprechen.

LIED: GOTTESLOB 537

Beim letzten Abendmahle,
die Nacht vor seinem Tod,
nahm Jesus in dem Saale
Gott dankend Wein und Brot.

„Nehmt", sprach er, „trinket, esset:
das ist mein Fleisch, mein Blut,
damit ihr nie vergesset,
was meine Liebe tut."

Dann ging er hin, zu sterben
aus liebevollem Sinn,
gab, Heil uns zu erwerben,
sich selbst zum Opfer hin.

ABSCHLIESSENDES GEBET

Lasset uns beten.
Allmächtiger, ewiger Gott,
deinem Willen gehorsam,
hat unser Erlöser Fleisch angenommen.
Er hat sich selbst erniedrigt
und sich unter die Schmach des Kreuzes gebeugt.
Hilf uns,
daß wir ihm auf dem Weg des Leidens nachfolgen
und an seiner Auferstehung Anteil erlangen.
Darum bitten wir durch ihn,
Jesus Christus, unseren Herrn.

A.: Amen.

7. SEGEN

Der Kommunionspender spricht eines der beiden folgenden Segensworte über den Kranken:

Gott ist der Herr des Himmels und der Erde,
der Vater aller, die an ihn glauben,
die Liebe, die uns trägt und umfängt.
Er segne und behüte dich.
Er lasse sein Angesicht über dir leuchten
und gebe dir seinen Frieden. – Amen.

Oder:

Der barmherzige Gott
hat seinen Sohn für uns dahingegeben
und uns in ihm ein Beispiel der Liebe geschenkt.
Er stärke unseren Glauben
und führe uns zur unvergänglichen Herrlichkeit.
Amen.

Zum Schluß bekreuzigen sich alle und sprechen:

Im Namen des Vaters und des Sohnes
und des Heiligen Geistes. Amen.

8. VERABSCHIEDUNG

Bevor sich der Kommunionhelfer verabschiedet, achtet er darauf, ob den Kranken noch etwas beschäftigt, über das er sprechen möchte. Nach Möglichkeit geht der Kommunionhelfer gleich darauf ein oder bietet an, beim nächsten Besuch dafür Zeit zu haben.

VI. KRANKENKOMMUNION IN DER OSTERZEIT: OSTERSONNTAG BIS CHRISTI HIMMELFAHRT

1. BEGRÜSSUNG UND GESPRÄCH

Der Kommunionspender betritt das Krankenzimmer und sagt:

Friede sei mit diesem Haus.
(**Antwort: Und mit allen, die darin wohnen.**)

Oder:

Gelobt sei Jesus Christus.
(**Antwort: In Ewigkeit. Amen.**)

Er stellt das Gefäß mit dem eucharistischen Brot auf den dazu vorgesehenen Platz und verehrt den Leib des Herrn mit einer Kniebeuge oder einer Verneigung. Dann begrüßt er den Kranken und die anderen Anwesenden persönlich. Er erkundigt sich nach dem Befinden des Kranken und gibt ihm die Möglichkeit, sich auszusprechen. Dabei kann es von Vorteil sein, wenn sich die anderen Anwesenden vorübergehend zurückziehen.

Auf das Gespräch folgen Besinnung, Schriftlesung und Fürbitten. Man kann jedoch auf sie teilweise oder ganz verzichten, wenn es der Verlauf des Gespräches nahelegt oder die Verfassung des Kranken es erfordert, und gleich mit dem gemeinsam gesprochenen Gebet des Herrn zur Kommunionspendung überleiten.

2. BESINNUNG

Der Kommunionspender leitet die Besinnung etwa mit folgenden Worten ein:

Der Apostel Paulus mahnt uns: „Wir wurden mit Christus begraben durch die Taufe auf den Tod; und wie Christus durch die Herrlichkeit des Vaters von den Toten auferweckt wurde, so sollen auch wir als neue Menschen leben" (Röm 6,4).

Wir besinnen uns, ob und wie wir der Aufforderung nachkommen, als „neue Menschen", das heißt als Christen, zu leben.

Nach einer Zeit der Stille fährt der Kommunionspender fort:

In allem, was uns bedrängt und belastet,
dürfen wir zu Jesus sagen:
Erbarme dich unser
A.: **Erbarme dich unser.**

Jesus, für uns am Kreuz erhöht:
A.: **Erbarme dich unser.**

Du bist von den Toten auferstanden:
A.: **Erbarme dich unser.**

Du bist der Spender des neuen Lebens:
A.: **Erbarme dich unser.**

Mach uns frei von Schuld und Sünde:
A.: **Erbarme dich unser.**

Laß uns leben nach deinem Beispiel:
A.: **Erbarme dich unser.**

Führe uns in deine Herrlichkeit.
A.: **Erbarme dich unser.**

Heiliger Gott,
dein Sohn hat das Kreuz auf sich genommen,
um uns der Gewalt des Bösen zu entreißen.
Befreie uns aus aller Sünde
und gib uns die Gnade,
daß wir deinem Willen gehorchen
und einst in Herrlichkeit auferstehen.
Darum bitten wir dich durch ihn,
Jesus Christus, unseren Herrn.
A.: Amen.

Nun kann der Kommunionspender dem Kranken Weihwasser reichen, worauf sich beide bekreuzigen.

3. SCHRIFTLESUNG

Der Kommunionspender oder eine andere Person trägt eine der folgenden Lesungen vor. Die manchmal angebotene Hinführung kann einleitend vorgelesen oder mit freien Worten wiedergegeben werden. Nach der Lesung kann der Kommunionspender diese kurz erläutern oder in einem Gespräch mit dem Kranken und den anderen Anwesenden vertiefen.

LESUNG Vgl. Apg 13,16.27–33

[Hinführung: Gott bleibt seinen Verheißungen treu, selbst wenn wir Menschen ihn ablehnen. Davon war Paulus überzeugt. Deshalb suchte er auf seinen Missionsreisen immer wieder die Synagogen auf, um die Frohe Botschaft auch den Juden zu verkünden.]

Lesung aus der Apostelgeschichte.

(An einem Sabbat sagte Paulus
in der Synagoge von Antióchia in Pisídien:)
Ihr Israeliten und ihr Gottesfürchtigen, hört!

Die Einwohner von Jerusalem und ihre Führer
haben Jesus nicht erkannt.
Obwohl sie nichts fanden,
wofür er den Tod verdient hätte,
forderten sie von Pilatus seine Hinrichtung.
Als sie alles vollbracht hatten,
was in der Schrift über ihn gesagt ist,
nahmen sie ihn vom Kreuzesholz
und legten ihn ins Grab.

Gott aber hat ihn von den Toten auferweckt,
und er ist viele Tage hindurch
denen erschienen,
die mit ihm zusammen
von Galiläa nach Jerusalem hinaufgezogen waren.

So verkünden wir euch das Evangelium:
Gott hat die Verheißung,
die an die Väter ergangen ist,
an uns, ihren Kindern, erfüllt,
indem er Jesus auferweckt hat.

LESUNG Röm 10,8–10

Lesung aus dem Brief des Apostels Paulus
an die Römer.

Brüder und Schwestern!
Die Schrift sagt:
„Das Wort ist dir nahe,
es ist in deinem Mund und in deinem Herzen."
Gemeint ist das Wort des Glaubens,
das wir verkündigen;
denn wenn du mit deinem Mund bekennst:

„Jesus ist der Herr“
und in deinem Herzen glaubst:
„Gott hat ihn von den Toten auferweckt“,
so wirst du gerettet werden.

Wer mit dem Herzen glaubt
und mit dem Mund bekennt,
wird Gerechtigkeit und Heil erlangen.

LESUNG 1 Petr 1,17–19.21

Lesung aus dem ersten Brief des Apostels Petrus.

Brüder und Schwestern!
Ihr nennt Gott „Vater“, wenn ihr zu ihm betet.
Aber denkt daran,
daß er alle Menschen ohne Unterschied
zur Rechenschaft ziehen wird
für das, was sie getan haben.
Führt darum ein Leben im Gehorsam gegen ihn,
solange ihr noch hier in der Fremde seid.
Ihr wißt, um welchen Preis
ihr freigekauft worden seid,
damit ihr nun nicht mehr
ein so sinn- und nutzloses Leben führen müßt,
wie ihr es von euren Vorfahren übernommen habt.
Nicht mit Silber und Gold
seid ihr freigekauft worden
– sie verlieren ihren Wert –,
sondern mit dem kostbaren Blut
eines reinen und fehlerlosen Opferlammes,
dem Blut Christi.

**Durch ihn habt ihr zum Glauben gefunden an den,
der ihn vom Tod erweckt
und ihm göttliche Herrlichkeit gegeben hat.
Und nun setzt ihr euer ganzes Vertrauen
und eure ganze Hoffnung auf Gott.**

LESUNG Lk 24, 28–31

[Hinführung: Am Ostertag waren zwei der Jünger Jesu auf dem Weg nach Emmaus. Während sie miteinander über die Ereignisse in Jerusalem redeten, schloß sich ihnen der Auferstandene an, ohne daß sie ihn erkannten. Aus der Schrift zeigte er ihnen auf, daß der Messias leiden und so in seine Herrlichkeit gelangen mußte.]

Lesung aus dem Evangelium nach Lukas.

**Jesus und die beiden Jünger erreichten das Dorf,
zu dem sie unterwegs waren.
Jesus tat, als wolle er weitergehen,
aber sie drängten ihn und sagten:
Bleib doch bei uns; denn es wird bald Abend,
der Tag hat sich schon geneigt.
Da ging er mit hinein, um bei ihnen zu bleiben.
Und als er mit ihnen bei Tisch war,
nahm er das Brot, sprach den Lobpreis,
brach das Brot und gab es ihnen.
Da gingen ihnen die Augen auf,
und sie erkannten ihn.**

Gespräch über die Lesung oder kurze Stille.

4. GEBET

Vor dem Vaterunser kann der Kommunionspender oder eine andere Person die folgenden Fürbitten vortragen. Sie können aber auch frei formuliert werden.

FÜRBITTEN

Laßt uns zu Christus beten,
der für die Welt zur Quelle des Lebens geworden ist:
A.: **Wir bitten dich, erhöre uns.**

Du Licht, das nicht vergeht,
auch wenn der Tag sich neigt;
nimm das (Abend-) Lob deiner Kirche an.
A.: **Wir bitten dich, erhöre uns.**

Du hast dich deinen Jüngern
beim Brechen des Brotes geoffenbart;
bleibe bei deiner Kirche durch alle Zeiten.
A.: **Wir bitten dich, erhöre uns.**

Du nimmst dich der Kranken und Leidenden an;
erfülle ihre Herzen mit der Osterfreude.
A.: **Wir bitten dich, erhöre uns.**

Du Sieger über den Tod;
stehe den Sterbenden in ihrer letzten Stunde bei.
A.: **Wir bitten dich, erhöre uns.**

Du sitzt zur Rechten des Vaters;
laß unseren Verstorbenen
das Licht deiner Herrlichkeit leuchten.
A.: **Wir bitten dich, erhöre uns.**

VATERUNSER

Nun beten wir, wie Jesus uns zu beten gelehrt hat:

**Vater unser im Himmel,
Geheiligt werde dein Name.
Dein Reich komme.
Dein Wille geschehe, wie im Himmel so auf Erden.
Unser tägliches Brot gib uns heute.
Und vergib uns unsere Schuld,
wie auch wir vergeben unsern Schuldigern.
Und führe uns nicht in Versuchung,
sondern erlöse uns von dem Bösen.**

**Denn dein ist das Reich und die Kraft
und die Herrlichkeit in Ewigkeit. Amen.**

5. KOMMUNION

Der Kommunionspender zeigt das eucharistische Brot und sagt:

**Seht das Lamm Gottes,
das hinwegnimmt die Sünde der Welt.**

Oder:

**Seht das Brot des Lebens,
den Leib unseres Herrn Jesus Christus.**

A.: **Herr, ich bin nicht würdig,
daß du eingehst unter mein Dach,
aber sprich nur ein Wort,
so wird meine Seele gesund.**

Der Spender reicht die Kommunion mit den Worten:

Der Leib Christi.

A.: **Amen.**

Nun beten alle einige Zeit in Stille.

6. DANK

Der Kommunionspender kann vor dem abschließenden Gebet die folgenden Liedstrophen vorbeten oder zusammen mit den Anwesenden singen bzw. sprechen:

LIED: GOTTESLOB 220

Das ist der Tag, den Gott gemacht,
der Freud in alle Welt gebracht.
Es freu sich, was sich freuen kann,
denn Wunder hat der Herr getan.

Verklärt ist alles Leid der Welt,
des Todes Dunkel ist erhellt.
Der Herr erstand in Gottes Macht,
hat neues Leben uns gebracht.

Wir sind getauft auf Christi Tod
und auferweckt mit ihm zu Gott.
Uns ist geschenkt sein Heilger Geist,
ein Leben, das kein Tod entreißt.

Wir schauen auf zu Jesus Christ,
zu ihm, der unsre Hoffnung ist.
Wir sind die Glieder, er das Haupt;
erlöst ist, wer an Christus glaubt.

Nun singt dem Herrn das neue Lied,
in aller Welt ist Freud und Fried.
Es freu sich, was sich freuen kann,
denn Wunder hat der Herr getan.

ABSCHLIESSENDES GEBET

Laßt uns beten.
Gnädiger Gott,
du schenkst deinem Volk jedes Jahr
die österliche Freude
durch das Fest der Auferstehung Christi.
Führe uns durch die Feier,
die wir auf Erden begehen,
zur unvergänglichen Freude im Himmel.
Darum bitten wir durch Christus, unseren Herrn.
A.: Amen.

7. SEGEN

Der Kommunionspender spricht eines der beiden folgenden Segensworte über den Kranken:

Gott ist der Herr des Himmels und der Erde,
der Vater aller, die an ihn glauben,
die Liebe, die uns trägt und umfängt.
Er segne und behüte dich.
Er lasse sein Angesicht über dir leuchten
und gebe dir seinen Frieden. – Amen.

Oder:

Der allmächtige Gott
hat uns durch die Auferstehung seines Sohnes
aus Sünde und Tod befreit.

Er bewahre in uns die Gabe der Erlösung
und schenke uns das verheißene Erbe. – Amen.

Zum Schluß bekreuzigen sich alle und sprechen:

Im Namen des Vaters und des Sohnes
und des Heiligen Geistes. Amen.

8. VERABSCHIEDUNG

Bevor sich der Kommunionhelfer verabschiedet, achtet er darauf, ob den Kranken noch etwas beschäftigt, über das er sprechen möchte. Nach Möglichkeit geht der Kommunionhelfer gleich darauf ein oder bietet an, beim nächsten Besuch dafür Zeit zu haben.

VII. KRANKENKOMMUNION IN DER OSTERZEIT: CHRISTI HIMMELFAHRT BIS PFINGSTEN

1. BEGRÜSSUNG UND GESPRÄCH

Der Kommunionspender betritt das Krankenzimmer und sagt:

Friede sei mit diesem Haus.

(Antwort: **Und mit allen, die darin wohnen.**)

Oder:

Gelobt sei Jesus Christus.

(Antwort: **In Ewigkeit. Amen.**)

Er stellt das Gefäß mit dem eucharistischen Brot auf den dazu vorgesehenen Platz und verehrt den Leib des Herrn mit einer Kniebeuge oder einer Verneigung. Dann begrüßt er den Kranken und die anderen Anwesenden persönlich. Er erkundigt sich nach dem Befinden des Kranken und gibt ihm die Möglichkeit, sich auszusprechen. Dabei kann es von Vorteil sein, wenn sich die anderen Anwesenden vorübergehend zurückziehen.

Auf das Gespräch folgen Besinnung, Schriftlesung und Fürbitten. Man kann jedoch auf sie teilweise oder ganz verzichten, wenn es der Verlauf des Gespräches nahelegt oder die Verfassung des Kranken es erfordert, und gleich mit dem gemeinsam gesprochenen Gebet des Herrn zur Kommunionspendung überleiten.

2. BESINNUNG

Der Kommunionspender leitet die Besinnung etwa mit folgenden Worten ein:

Die fünfzigtägige Osterzeit endet mit der Feier des Pfingstfestes. Jesus, der erhöhte Herr, läßt uns nicht allein zurück, sondern sendet uns seinen Geist. Im Geist Christi zu leben bedeutet nach den Worten des Apostels Paulus, sich vom Heiligen Geist leiten zu lassen: „Die Frucht des Geistes aber ist Liebe, Freude, Friede, Langmut, Freundlichkeit, Güte, Treue" (vgl. Gal 5,22).

Wir fragen uns, ob wir uns im Denken und Tun von Gottes Geist bestimmen lassen.

Nach einer Zeit der Stille fährt der Kommunionspender fort:

In diesen Tagen vor Pfingsten wollen wir den Heiligen Geist um sein Kommen bitten, damit er uns von Sünden reinigt und neu mit seiner Liebe erfüllt. Deshalb singen (beten) wir:

GOTTESLOB 245,1–5

Komm, Schöpfer Geist, kehr bei uns ein,
besuch das Herz der Kinder dein:
die deine Macht erschaffen hat,
erfülle nun mit deiner Gnad.

Der du der Tröster wirst genannt,
vom höchsten Gott ein Gnadenpfand,
du Lebensbrunn, Licht, Lieb und Glut,
der Seele Salbung, höchstes Gut.

O Schatz, der siebenfältig ziert,
o Finger Gottes, der uns führt,

Geschenk, vom Vater zugesagt,
du, der die Zungen reden macht.

Zünd an in uns des Lichtes Schein,
gieß Liebe in die Herzen ein,
stärk unsres Leibs Gebrechlichkeit
mit deiner Kraft zu jeder Zeit.

Treib weit von uns des Feinds Gewalt,
in deinem Frieden uns erhalt,
daß wir, geführt von deinem Licht,
in Sünd und Elend fallen nicht.

Der Kommunionspender fährt fort:

Lasset uns beten.
Wir bitten dich, Herr, unser Gott,
der Heilige Geist erfülle uns
mit dem Reichtum seiner Gaben.
Er schenke uns eine Gesinnung,
die dir wohlgefällt,
damit wir deinem Willen immer mehr entsprechen.
Darum bitten wir durch Christus, unseren Herrn.
A.: Amen.

Nun kann der Kommunionspender dem Kranken Weihwasser reichen, worauf sich beide bekreuzigen.

3. SCHRIFTLESUNG

Der Kommunionspender oder eine andere Person trägt eine der folgenden Lesungen vor. Die zu Apg 1,4–8 angebotene Hinführung kann einleitend vorgelesen oder mit freien Worten wiedergegeben werden. Nach der Lesung kann der Kommunionspender diese kurz erläutern oder in einem Gespräch mit dem Kranken und den anderen Anwesenden vertiefen.

LESUNG Apg 1,4–8

[Hinführung: Gottes Gedanken sind nicht Menschengedanken. Seine Pläne – seine *Heils*-Pläne – sind oft ganz anders, als wir Menschen es uns vorstellen. Das mußten auch die Apostel nach der Auferstehung Jesu Christi erfahren. War das für sie Grund zur Enttäuschung? Wahrscheinlich schon. Aber nur so lange, bis sie erlebten, auf welchen Weg der Auferstandene sie führen und mit welcher Kraft er sie ausstatten wollte.]

Lesung aus der Apostelgeschichte.

(Nach seiner Auferstehung
gebot Jesus den Aposteln
beim gemeinsamen Mahl:)
Geht nicht weg von Jerusalem,
sondern wartet auf die Verheißung des Vaters,
die ihr von mir vernommen habt.
Johannes hat mit Wasser getauft,
ihr aber werdet schon in wenigen Tagen
mit dem Heiligen Geist getauft.
Sie fragten ihn:
Herr, stellst du in dieser Zeit
das Reich für Israel wieder her?
Er sagte zu ihnen:
Euch steht es nicht zu,
Zeiten und Fristen zu erfahren,
die der Vater in seiner Macht festgesetzt hat.
Aber ihr werdet die Kraft
des Heiligen Geistes empfangen,
der auf euch herabkommen wird;
und ihr werdet meine Zeugen sein

in Jerusalem und in ganz Judäa und Samárien
und bis an die Grenzen der Erde.

LESUNG Röm 8,14–17
Lesung aus dem Brief des Apostels Paulus
an die Römer.

Brüder und Schwestern!
Alle, die sich vom Geist Gottes leiten lassen,
sind Söhne (und Töchter) Gottes.
Denn ihr habt nicht einen Geist empfangen,
der euch zu Sklaven macht,
so daß ihr euch immer noch fürchten müßtet,
sondern ihr habt den Geist empfangen,
der euch zu Söhnen (und Töchtern) macht,
den Geist, in dem wir rufen: Abba, Vater!

So bezeugt der Geist selber unserem Geist,
daß wir Kinder Gottes sind.
Sind wir aber Kinder,
dann auch Erben;
wir sind Erben Gottes und sind Miterben Christi,
wenn wir mit ihm leiden,
um mit ihm auch verherrlicht zu werden.

LESUNG Röm 8,22–23.26
Lesung aus dem Brief des Apostels Paulus
an die Römer.

Brüder und Schwestern!
Wir wissen, daß die ganze Schöpfung
bis jetzt noch vor Schmerzen stöhnt
wie eine Frau bei der Geburt.

Aber auch wir, denen Gott doch schon
als Anfang des neuen Lebens
– gleichsam als Anzahlung –
seinen Geist geschenkt hat,
warten sehnsüchtig darauf, daß Gott uns
als seine Kinder bei sich aufnimmt
und uns vom Fluch der Vergänglichkeit befreit.

Der Geist Gottes kommt uns dabei zu Hilfe.
Wir sind schwach und wissen nicht einmal,
wie wir angemessen zu Gott beten sollen.
Darum tritt der Geist bei Gott für uns ein
mit einem Flehen,
das sich nicht in Menschenworten ausdrücken läßt.

LESUNG 1 Kor 12,12–13.25–27

Lesung aus dem ersten Brief des Apostels Paulus
an die Korinther.

Brüder und Schwestern!
Man kann die Gemeinde Christi
mit einem Leib vergleichen, der viele Glieder hat.
Obwohl er aus so vielen Teilen besteht,
ist der Leib doch einer.
Denn wir alle,
Juden und Nichtjuden, Sklaven und Freie,
sind in der Taufe durch denselben Geist
in den einen Leib Christi eingegliedert worden,
und wir haben auch alle
an demselben Geist Anteil bekommen.
Denn Gott wollte,
daß es keine Uneinigkeit im Körper gibt,

sondern jeder Teil sich um den anderen kümmert.
Wenn irgendein Teil des Körpers leidet,
dann leiden alle anderen mit ihm.
Und wenn irgendein Teil geehrt wird,
freuen sich alle anderen mit.
Ihr alle seid zusammen der Leib Christi;
jeder einzelne von euch ist ein Teil davon.

Gespräch über die Lesung oder kurze Stille.

4. GEBET

Vor dem Vaterunser kann der Kommunionspender oder eine andere Person die folgenden Fürbitten vortragen. Sie können aber auch frei formuliert werden.

FÜRBITTEN

Nun beten wir zu Gott, unserem Vater,
um den Heiligen Geist
für die Kirche und die ganze Welt:
Sende aus deinen Geist.
A.: **Sende aus deinen Geist.**

Du hast Himmel und Erde geschaffen
und willst durch Christus im Heiligen Geist
alles erneuern;
schaffe neu das Angesicht der Erde
und schenke ihr dein Heil.
A.: **Sende aus deinen Geist.**

Dem ersten Menschen
hast du den Lebensodem eingehaucht;
gieße deinen Geist aus über die Kirche,
damit sie allezeit aus ihm lebt.
A.: **Sende aus deinen Geist.**

Du hast den Heiligen Geist
über den ganzen Erdkreis ausgegossen;
stehe allen bei, die sich um den Frieden mühen.
A.: Sende aus deinen Geist.

Du machst alles neu durch den Heiligen Geist;
gib den Kranken und Betrübten neue Kraft.
A.: Sende aus deinen Geist.

Durch den Heiligen Geist
führst du die Menschen zur Herrlichkeit
des ewigen Lebens;
gib, daß die Verstorbenen
die Gemeinschaft der Heiligen erfahren.
A.: Sende aus deinen Geist.

VATERUNSER

Nun beten wir, wie Jesus uns zu beten gelehrt hat:

Vater unser im Himmel,
Geheiligt werde dein Name.
Dein Reich komme.
Dein Wille geschehe, wie im Himmel so auf Erden.
Unser tägliches Brot gib uns heute.
Und vergib uns unsere Schuld,
wie auch wir vergeben unsern Schuldigern.
Und führe uns nicht in Versuchung,
sondern erlöse uns von dem Bösen.

Denn dein ist das Reich und die Kraft
und die Herrlichkeit in Ewigkeit. Amen.

5. KOMMUNION

Der Kommunionspender zeigt das eucharistische Brot und sagt:

Seht das Lamm Gottes,
das hinwegnimmt die Sünde der Welt.

Oder:

Seht das Brot des Lebens,
den Leib unseres Herrn Jesus Christus.

A: **Herr, ich bin nicht würdig,**
daß du eingehst unter mein Dach,
aber sprich nur ein Wort,
so wird meine Seele gesund.

Der Spender reicht die Kommunion mit den Worten:

Der Leib Christi.
A.: **Amen.**

Nun beten alle einige Zeit in Stille.

6. DANK

Der Kommunionspender kann vor dem abschließenden Gebet die folgenden Liedstrophen vorbeten oder zusammen mit den Anwesenden singen bzw. sprechen:

LIED: GOTTESLOB 249
Der Geist des Herrn erfüllt das All
mit Sturm und Feuersgluten;
er krönt mit Jubel Berg und Tal,
er läßt die Wasser fluten.
Ganz überströmt von Glanz und Licht
erhebt die Schöpfung ihr Gesicht
frohlockend: Halleluja.

Der Geist des Herrn erweckt den Geist
in Sehern und Propheten,
der das Erbarmen Gottes weist
und Heil in tiefsten Nöten.
Seht, aus der Nacht Verheißung blüht;
die Hoffnung hebt sich wie ein Lied
und jubelt: Halleluja.

Der Geist des Herrn treibt Gottes Sohn,
die Erde zu erlösen;
er stirbt, erhöht am Kreuzesthron,
und bricht die Macht des Bösen.
Als Sieger fährt er jauchzend heim
und ruft den Geist, daß jeder Keim
aufbreche: Halleluja.

Der Geist des Herrn durchweht die Welt
gewaltig und unbändig;
wohin sein Feueratem fällt,
wird Gottes Reich lebendig.
Da schreitet Christus durch die Zeit
in seiner Kirche Pilgerkleid,
Gott lobend: Halleluja.

ABSCHLIESSENDES GEBET

Lasset uns beten.
Gütiger Gott,
du schenkst uns das Brot des Lebens,
den Leib deines geliebten Sohnes,
den du zu deiner Rechten erhöht hast.
Er hat uns durch sein Leiden gerettet.
Sein Geist, der von dir ausgeht,
führe und begleite uns auf dem rechten Weg,

damit wir zu dir,
dem Ziel unseres Lebens, gelangen.
Darum bitten wir dich
durch ihn, Jesus Christus, unseren Herrn.
A.: **Amen.**

7. SEGEN

Der Kommunionspender spricht eines der beiden folgenden Segensworte über den Kranken:

Gott ist der Herr des Himmels und der Erde,
der Vater aller, die an ihn glauben,
die Liebe, die uns trägt und umfängt.
Er segne und behüte dich.
Er lasse sein Angesicht über dir leuchten
und gebe dir seinen Frieden. – Amen.

Oder:

Der mächtige Gott hat Jesus
zu seiner Rechten erhöht.
Er schenke uns die Fülle seines Geistes
und führe uns
zur unvergänglichen Herrlichkeit. – Amen.

Zum Schluß bekreuzigen sich alle und sprechen:

Im Namen des Vaters und des Sohnes
und des Heiligen Geistes. Amen.

8. VERABSCHIEDUNG

Bevor sich der Kommunionhelfer verabschiedet, achtet er darauf, ob den Kranken noch etwas beschäftigt, über das er sprechen möchte. Nach Möglichkeit geht der Kommunionhelfer gleich darauf ein oder bietet an, beim nächsten Besuch dafür Zeit zu haben.

VIII. KRANKENKOMMUNION IM JAHRESKREIS: PFINGSTEN BIS PETER UND PAUL

1. BEGRÜSSUNG UND GESPRÄCH

Der Kommunionspender betritt das Krankenzimmer und sagt:

Friede sei mit diesem Haus.
(**Antwort: Und mit allen, die darin wohnen.**)

Oder:

Gelobt sei Jesus Christus.
(**Antwort: In Ewigkeit. Amen.**)

Er stellt das Gefäß mit dem eucharistischen Brot auf den dazu vorgesehenen Platz und verehrt den Leib des Herrn mit einer Kniebeuge oder einer Verneigung. Dann begrüßt er den Kranken und die anderen Anwesenden persönlich. Er erkundigt sich nach dem Befinden des Kranken und gibt ihm die Möglichkeit, sich auszusprechen. Dabei kann es von Vorteil sein, wenn sich die anderen Anwesenden vorübergehend zurückziehen.

Auf das Gespräch folgen Besinnung, Schriftlesung und Fürbitten. Man kann jedoch auf sie teilweise oder ganz verzichten, wenn es der Verlauf des Gespräches nahelegt oder die Verfassung des Kranken es erfordert, und gleich mit dem gemeinsam gesprochenen Gebet des Herrn zur Kommunionspendung überleiten.

2. BESINNUNG

Der Kommunionspender leitet die Besinnung etwa mit folgenden Worten ein:
Jesus liebt uns Menschen. Deshalb hat er den Tod auf sich genommen, um uns sein Leben zu schenken. Durch die Taufe gehören wir zu ihm, sind wir, wie Paulus lehrt, Glieder an seinem Leibe (vgl. 1 Kor 12,13), Glieder der Kirche. Seine Liebe vor Augen sollen wir uns bemühen, das Kleid der Taufe ohne Flecken und Makel zu bewahren. Doch auch wenn wir schuldig geworden sind, dürfen wir unser Versagen und selbst unsere Bosheit in die verzeihenden Hände unseres Erlösers legen.

Wir besinnen uns auf das, was unser Herz belastet.

Nach einer Zeit der Stille fährt der Kommunionspender fort:

Nun rufen wir unseren Herrn und Bruder an,
daß er uns verzeiht und stärkt:
Jesus Christus,
alle Sünden der Welt hast du auf dich genommen.
Herr, erbarme dich (unser).
A.: **Herr, erbarme dich (unser).**

Du hast uns berufen zu Gliedern an deinem Leibe.
Christus, erbarme dich (unser).
A.: **Christus, erbarme dich (unser).**

Du stärkst deine Kirche mit deiner Gegenwart.
Herr, erbarme dich (unser).
A.: **Herr, erbarme dich (unser).**

Der Herr erbarme sich unser,
er nehme von uns Sünde und Schuld,
damit wir mit lauterem Herzen
sein Wort hören und seinen Leib empfangen.
A.: **Amen.**

Nun kann der Kommunionspender dem Kranken Weihwasser reichen, worauf sich beide bekreuzigen.

3. SCHRIFTLESUNG

Der Kommunionspender oder eine andere Person trägt eine der folgenden Lesungen vor. Darauf kann sie der Kommunionspender kurz erläutern oder in einem Gespräch mit dem Kranken und den anderen Anwesenden vertiefen.

LESUNG Apg 2,44–47

Lesung aus der Apostelgeschichte.

In Jerusalem bildeten alle,
die gläubig geworden waren,
eine Gemeinschaft und hatten alles gemeinsam.
Sie verkauften Hab und Gut
und gaben davon allen,
jedem so viel, wie er nötig hatte.

Tag für Tag verharrten sie einmütig im Tempel,
brachen in ihren Häusern das Brot
und hielten miteinander Mahl
in Freude und Einfalt des Herzens.
Sie lobten Gott
und waren beim ganzen Volk beliebt.
Und der Herr fügte täglich ihrer Gemeinschaft
die hinzu,
die gerettet werden sollten.

LESUNG 1 Kor 11, 23–26

Lesung aus dem ersten Brief des Apostels Paulus an die Korinther.

Brüder und Schwestern!
Ich habe vom Herrn empfangen,
was ich euch dann überliefert habe:

Jesus, der Herr, nahm in der Nacht,
in der er ausgeliefert wurde, Brot,
sprach das Dankgebet, brach das Brot und sagte:
Das ist mein Leib für euch.
Tut dies zu meinem Gedächtnis!

Ebenso nahm er nach dem Mahl den Kelch
und sprach:
Dieser Kelch ist der Neue Bund in meinem Blut.
Tut dies, sooft ihr daraus trinkt,
zu meinem Gedächtnis!

Denn sooft ihr von diesem Brot eßt
und aus dem Kelch trinkt,
verkündet ihr den Tod des Herrn, bis er kommt.

LESUNG Lk 9, 10–11

Lesung aus dem Evangelium nach Lukas.

Nach ihrer Aussendung kamen die Apostel zurück
und erzählten Jesus alles, was sie getan hatten.
Dann nahm er sie beiseite und zog sich
in die Nähe der Stadt Betsaida zurück,
um mit ihnen allein zu sein.
Aber die Leute erfuhren davon und folgten ihm.

Er empfing sie freundlich,
redete zu ihnen vom Reich Gottes
und heilte alle, die seine Hilfe brauchten.

LESUNG Joh 6,53–56
Lesung aus dem Evangelium nach Johannes.

In der Synagoge von Kafarnaum
sagte Jesus zu den Juden,
die nach der wunderbaren Speisung
zu ihm gekommen waren:

Amen, amen, das sage ich euch:
Wenn ihr das Fleisch des Menschensohnes
nicht eßt und sein Blut nicht trinkt,
habt ihr das Leben nicht in euch.

Wer mein Fleisch ißt und mein Blut trinkt,
hat das ewige Leben,
und ich werde ihn auferwecken am Letzten Tag.
Denn mein Fleisch ist wirklich eine Speise,
und mein Blut ist wirklich ein Trank.
Wer mein Fleisch ißt und mein Blut trinkt,
der bleibt in mir, und ich bleibe in ihm.

Gespräch über die Lesung oder kurze Stille.

4. GEBET

Vor dem Vaterunser kann der Kommunionspender oder eine andere Person die folgenden Fürbitten vortragen. Diese können aber auch frei formuliert werden.

FÜRBITTEN
Wir haben Gottes Wort gehört
und wollen jetzt Jesus, unseren Bruder und Heiland,
um seinen Beistand bitten:
Christus, höre uns.
A.: Christus, erhöre uns.

Du rufst uns auf zur Umkehr;
gib allen Christen die Kraft,
aus dem Glauben an dich zu leben.
Christus, höre uns.
A.: Christus, erhöre uns.

Heimgekehrt zum Vater,
hast du den Heiligen Geist gesandt;
laß den Geist der Liebe und des Friedens
wirksam werden in unserer Welt.
Christus, höre uns.
A.: Christus, erhöre uns.

Du willst, daß die Menschen
geschwisterlich zusammenleben;
hilf denen,
die unter Ungerechtigkeit und Not leiden.
Christus, höre uns.
A.: Christus, erhöre uns.

Du hast mit den Jüngern
das Abendmahl gefeiert;
Gib allen, die dich im Sakrament empfangen,
ein dankbares Herz.
Christus, höre uns.
A.: Christus, erhöre uns.

Du lädst alle ein
zum Gastmahl in deiner Herrlichkeit;
nimm unsere Verstorbenen auf in dein Reich.
Christus, höre uns.
A.: Christus, erhöre uns.

VATERUNSER

Nun beten wir, wie Jesus uns zu beten gelehrt hat:

Vater unser im Himmel,
Geheiligt werde dein Name.
Dein Reich komme.
Dein Wille geschehe, wie im Himmel so auf Erden.
Unser tägliches Brot gib uns heute.
Und vergib uns unsere Schuld,
wie auch wir vergeben unsern Schuldigern.
Und führe uns nicht in Versuchung,
sondern erlöse uns von dem Bösen.

Denn dein ist das Reich und die Kraft
und die Herrlichkeit in Ewigkeit. Amen.

5. KOMMUNION

Der Kommunionspender zeigt das eucharistische Brot und sagt:

Seht das Lamm Gottes,
das hinwegnimmt die Sünde der Welt.

Oder:

Seht das Brot des Lebens,
den Leib unseres Herrn Jesus Christus.

A: **Herr, ich bin nicht würdig,**
daß du eingehst unter mein Dach;
aber sprich nur ein Wort,
so wird meine Seele gesund.

Der Spender reicht die Kommunion mit den Worten:

Der Leib Christi.
A.: **Amen.**

Nun beten alle einige Zeit in Stille.

6. DANK

Der Kommunionspender kann vor dem abschließenden Gebet die folgenden Liedstrophen vorbeten oder zusammen mit den Anwesenden singen bzw. sprechen:

LIED: GOTTESLOB 542

Sakrament der Liebe Gottes:
Leib des Herrn, sei hoch verehrt,
Mahl, das uns mit Gott vereinigt,
Brot, das unsre Seele nährt,
Blut, in dem uns Gott besiegelt
seinen Bund, der ewig währt.

Lob und Dank sei Gott dem Vater,
der das Leben uns verheißt,
seinem Wort, dem ewgen Sohne,
der im Himmelsbrot uns speist;
auch der Born der höchsten Liebe
sei gelobt, der Heilge Geist.
Amen.

ABSCHLIESSENDES GEBET

Lasset uns beten.
Mächtiger, gütiger Gott,
vom Tisch deines Sohnes
durften wir das Brot des Lebens empfangen
und neu erfahren, daß er sich uns als Speise
auf unserem Lebensweg schenkt.
Er ist uns durch seinen Tod
in die Herrlichkeit bei dir vorausgegangen.
Laß auch uns einst beim himmlischen Gastmahl
dich loben, preisen und verherrlichen
durch Jesus Christus, unseren Herrn.
A.: **Amen.**

7. SEGEN

Der Kommunionspender spricht eines der beiden folgenden Segensworte über den Kranken:

Gott ist der Herr des Himmels und der Erde,
der Vater aller, die an ihn glauben,
die Liebe, die uns trägt und umfängt.
Er segne und behüte dich.
Er lasse sein Angesicht über dir leuchten
und gebe dir seinen Frieden. – Amen.

Oder:

Der Friede Gottes,
der menschliches Begreifen weit übersteigt,
bewahre unsere Herzen und unsere Gedanken
in der Gemeinschaft mit Jesus Christus. – Amen.

Zum Schluß bekreuzigen sich alle und sprechen:

Im Namen des Vaters und des Sohnes und des Heiligen Geistes. Amen.

8. VERABSCHIEDUNG

Bevor sich der Kommunionhelfer verabschiedet, achtet er darauf, ob den Kranken noch etwas beschäftigt, über das er sprechen möchte. Nach Möglichkeit geht der Kommunionhelfer gleich darauf ein oder bietet an, beim nächsten Besuch dafür Zeit zu haben.

IX. KRANKENKOMMUNION IM JAHRESKREIS: PETER UND PAUL BIS KREUZERHÖHUNG

1. BEGRÜSSUNG UND GESPRÄCH

Der Kommunionspender betritt das Krankenzimmer und sagt:

Friede sei mit diesem Haus.
(**Antwort: Und mit allen, die darin wohnen.**)

Oder:

Gelobt sei Jesus Christus.
(**Antwort: In Ewigkeit. Amen.**)

Er stellt das Gefäß mit dem eucharistischen Brot auf den dazu vorgesehenen Platz und verehrt den Leib des Herrn mit einer Kniebeuge oder einer Verneigung. Dann begrüßt er den Kranken und die anderen Anwesenden persönlich. Er erkundigt sich nach dem Befinden des Kranken und gibt ihm die Möglichkeit, sich auszusprechen. Dabei kann es von Vorteil sein, wenn sich die anderen Anwesenden vorübergehend zurückziehen.

Auf das Gespräch folgen Besinnung, Schriftlesung und Bitten. Man kann jedoch auf sie teilweise oder ganz verzichten, wenn es der Verlauf des Gespräches nahelegt oder die Verfassung des Kranken es erfordert, und gleich mit dem gemeinsam gesprochenen Gebet des Herrn zur Kommunionspendung überleiten.

2. BESINNUNG

Der Kommunionspender leitet die Besinnung etwa mit folgenden Worten ein:

Gott liebt uns. Er hat uns in die Gemeinschaft der Kirche gerufen. In ihr sollen wir Geborgenheit erfahren und schenken, indem wir uns gegenseitig annehmen. So mahnt uns Paulus: „Ertragt euch gegenseitig, und vergebt einander, wenn einer dem anderen etwas vorzuwerfen hat! Wie der Herr euch vergeben hat, so vergebt auch ihr!“ (Kol 3,13).

Wir besinnen uns auf die Bereitschaft, einander zu ertragen und zu vergeben.

Nach einer Zeit der Stille fährt der Kommunionspender fort:

**All unser Versagen tragen wir vor den Herrn
und bitten ihn um sein Erbarmen:**

**Jesus Christus,
du sagst uns die Frohe Botschaft:
Herr, erbarme dich (unser).
A.: Herr, erbarme dich (unser).**

**Du bringst uns die Vergebung des Vaters:
Christus, erbarme dich (unser).
A.: Christus, erbarme dich (unser).**

**Du schenkst uns neues Leben:
Herr, erbarme dich (unser).
A.: Herr, erbarme dich (unser).**

Der allmächtige Gott erbarme sich unser.
Er lasse uns die Sünden nach
und führe uns zum ewigen Leben.
A.: **Amen.**

Nun kann der Kommunionspender dem Kranken Weihwasser reichen, worauf sich beide bekreuzigen.

3. SCHRIFTLESUNG

Der Kommunionspender oder eine andere Person trägt eine der folgenden Lesungen vor. Die zu 2 Kor 12,7–10 angebotene Hinführung kann einleitend vorgelesen oder mit freien Worten wiedergegeben werden. Nach der Lesung kann der Kommunionspender diese kurz erläutern oder in einem Gespräch mit dem Kranken und den anderen Anwesenden vertiefen.

LESUNG Röm 12,9–12

Lesung aus dem Brief des Apostels Paulus
an die Römer.

Brüder und Schwestern!
Eure Liebe sei ohne Heuchelei.
Verabscheut das Böse,
haltet fest am Guten!
Seid einander in brüderlicher Liebe zugetan,
übertrefft euch in gegenseitiger Achtung!
Laßt nicht nach in eurem Eifer,
laßt euch vom Geist entflammen
und dient dem Herrn!

Seid fröhlich in der Hoffnung,
geduldig in der Bedrängnis
und beharrlich im Gebet!

LESUNG 2 Kor 12,7–10

[Hinführung: Dem Völkerapostel Paulus waren tiefe Glaubenseinsichten geschenkt worden. Trotzdem hat er schwere Stunden erlebt, so daß er oft entmutigt war. In einem seiner Briefe berichtet er offen von wiederholter Verzagtheit. Er gewinnt jedoch, durch ein Wort Christi belehrt, seiner Schwäche auch eine positive Seite ab.]

Lesung aus dem zweiten Brief des Apostels Paulus an die Korinther.

Brüder und Schwestern!
Ich habe unbeschreibliche Dinge geschaut.
Aber damit ich mir nichts darauf einbilde,
hat Gott mir ein schweres Leiden gegeben.
Dreimal habe ich zum Herrn gebetet,
daß er mich davon befreit.
Aber er hat mir gesagt:
„Du brauchst nicht mehr als meine Gnade.
Je schwächer du bist,
desto stärker erweist sich an dir meine Macht.“

Jetzt trage ich meine Schwäche gern,
ja ich bin stolz darauf,
damit die Kraft Christi sich an mir erweisen kann.

Weil er mir zu Hilfe kommt,
freue ich mich über mein Leiden,
über Mißhandlungen,
Notlagen, Verfolgungen und Schwierigkeiten.
Denn gerade wenn ich schwach bin,
bin ich stark.

LESUNG Kol 1,8–11

Lesung aus dem Brief des Apostels Paulus
an die Kolosser.

Brüder und Schwestern!
Wir haben von der Liebe vernommen,
die der Geist in euch bewirkt hat.
Seit dem Tag, an dem wir davon erfahren haben,
hören wir nicht auf, inständig für euch zu beten,
daß ihr in aller Weisheit und Einsicht,
die der Geist schenkt,
den Willen des Herrn ganz erkennt.

Denn ihr sollt ein Leben führen,
das des Herrn würdig ist
und in allem sein Gefallen findet.
Ihr sollt Frucht bringen
in jeder Art von guten Werken
und wachsen in der Erkenntnis Gottes.
Er gebe euch in der Macht seiner Herrlichkeit
viel Kraft,
damit ihr in allem Geduld und Ausdauer habt.

LESUNG Mt 11,28–30

Lesung aus dem Evangelium nach Matthäus.

In jener Zeit sprach Jesus:
Kommt alle zu mir, die ihr euch plagt
und schwere Lasten zu tragen habt.
Ich werde euch Ruhe verschaffen.
Nehmt mein Joch auf euch
und lernt von mir;
denn ich bin gütig und von Herzen demütig;

so werdet ihr Ruhe finden für eure Seele.
Denn mein Joch drückt nicht,
und meine Last ist leicht.

Gespräch über die Lesung oder kurze Stille.

4. GEBET

Vor dem Vaterunser kann der Kommunionspender oder eine andere Person die folgenden Fürbitten vortragen. Diese können aber auch frei formuliert werden.

FÜRBITTEN

Laßt uns beten zu Gott, unserem Vater,
von dem alles Gute kommt:
A.: **Wir bitten dich, erhöre uns.**

Du hast deinen Sohn gesandt,
damit auf der ganzen Erde dein Name
verherrlicht wird;
laß das Zeugnis der Kirche
zu allen Menschen dringen.
A.: **Wir bitten dich, erhöre uns.**

Du lehrst deine Gemeinde durch dein Wort;
forme ihr Leben nach deiner Weisung.
A.: **Wir bitten dich, erhöre uns.**

Du liebst den Frieden und die Gerechtigkeit;
öffne den unterdrückten Völkern
den Weg zur Freiheit.
A.: **Wir bitten dich, erhöre uns.**

Du richtest die Gebeugten auf;
schenke den Kranken Gesundheit
und beschütze die Heimatlosen.
A.: Wir bitten dich, erhöre uns.

Du vergißt keinen Verstorbenen;
erwecke unsere Schwestern und Brüder,
die in Christus entschlafen sind,
zum ewigen Leben.
A.: Wir bitten dich, erhöre uns.

VATERUNSER

Nun beten wir, wie Jesus uns zu beten gelehrt hat:

Vater unser im Himmel,
Geheiligt werde dein Name.
Dein Reich komme.
Dein Wille geschehe, wie im Himmel so auf Erden.
Unser tägliches Brot gib uns heute.
Und vergib uns unsere Schuld,
wie auch wir vergeben unsern Schuldigern.
Und führe uns nicht in Versuchung,
sondern erlöse uns von dem Bösen.

Denn dein ist das Reich und die Kraft
und die Herrlichkeit in Ewigkeit. Amen.

5. KOMMUNION

Der Kommunionspender zeigt das eucharistische Brot und sagt:

Seht das Lamm Gottes,
das hinwegnimmt die Sünde der Welt.

Oder:

**Seht das Brot des Lebens,
den Leib unseres Herrn Jesus Christus.**

A.: **Herr, ich bin nicht würdig,
daß du eingehst unter mein Dach;
aber sprich nur ein Wort,
so wird meine Seele gesund.**

Der Spender reicht die Kommunion mit den Worten:

Der Leib Christi.

A.: **Amen.**

Nun beten alle einige Zeit in Stille.

6. DANK

Der Kommunionspender kann vor dem abschließenden Gebet die folgenden Liedstrophen vorbeten oder zusammen mit den Anwesenden singen bzw. sprechen:

LIED: GOTTESLOB 503

**O wunderbare Speise
auf dieser Pilgerreise,
o Manna, Himmelsbrot,
wollst unsern Hunger stillen,
mit Gnaden uns erfüllen,
uns retten vor dem ewgen Tod.**

**Du hast für uns dein Leben,
o Jesu, hingegeben
und gibst dein Fleisch und Blut
zur Speise und zum Tranke.
Wer preist mit würdgem Danke
dies unschätzbare, ewge Gut!**

„Kommt alle, die auf Erden
von Not bedränget werden",
so spricht dein eigner Mund,
„ich will euch wiedergeben
mit meinem Blut das Leben.
Dies ist der neue, ewge Bund."

O Herr, was wir hier schauen
in Glauben und Vertrauen,
das zeige uns im Licht,
und laß es einst geschehen,
daß ewig wir dich sehen
von Angesicht zu Angesicht.

ABSCHLIESSENDES GEBET

Lasset uns beten.
Allmächtiger Gott, du bist die Quelle
und der Ursprung unseres Heils.
Du stärkst uns immer wieder
durch die Gemeinschaft mit deinem Sohn
im Mahl des Lebens.
Mach unser ganzes Leben
zu einem Loblied deiner Herrlichkeit,
damit wir dich einst im Himmel
preisen können ohne Ende.
Darum bitten wir dich durch ihn,
Jesus Christus, unseren Herrn.
A.: Amen.

7. SEGEN

Der Kommunionspender spricht eines der beiden folgenden Segensworte über den Kranken:

**Gott ist der Herr des Himmels und der Erde,
der Vater aller, die an ihn glauben,
die Liebe, die uns trägt und umfängt.
Er segne und behüte dich.
Er lasse sein Angesicht über dir leuchten
und gebe dir seinen Frieden. – Amen.**

Oder:

**Gott, der gütige Vater,
schenkt uns in Jesus Christus
Trost in jeder Not.
Er lenke unsere Tage in seinem Frieden,
er bewahre uns vor aller Verwirrung
und sei dereinst
unser unvergänglicher Lohn. – Amen.**

Zum Schluß bekreuzigen sich alle und sprechen:

**Im Namen des Vaters und des Sohnes
und des Heiligen Geistes. Amen.**

8. VERABSCHIEDUNG

Bevor sich der Kommunionhelfer verabschiedet, achtet er darauf, ob den Kranken noch etwas beschäftigt, über das er sprechen möchte. Nach Möglichkeit geht der Kommunionhelfer gleich darauf ein oder bietet an, beim nächsten Besuch dafür Zeit zu haben.

X. KRANKENKOMMUNION IM JAHRESKREIS: KREUZERHÖHUNG BIS ADVENT

1. BEGRÜSSUNG UND GESPRÄCH

Der Kommunionspender betritt das Krankenzimmer und sagt:

Friede sei mit diesem Haus.
(Antwort: Und mit allen, die darin wohnen.)

Oder:

Gelobt sei Jesus Christus.
(Antwort: In Ewigkeit. Amen.)

Er stellt das Gefäß mit dem eucharistischen Brot auf den dazu vorgesehenen Platz und verehrt den Leib des Herrn mit einer Kniebeuge oder einer Verneigung. Dann begrüßt er den Kranken und die anderen Anwesenden persönlich. Er erkundigt sich nach dem Befinden des Kranken und gibt ihm die Möglichkeit, sich auszusprechen. Dabei kann es von Vorteil sein, wenn sich die anderen Anwesenden vorübergehend zurückziehen.

Auf das Gespräch folgen Besinnung, Schriftlesung und Fürbitten. Man kann jedoch auf sie teilweise oder ganz verzichten, wenn es der Verlauf des Gespräches nahelegt oder die Verfassung des Kranken es erfordert, und gleich mit dem gemeinsam gesprochenen Gebet des Herrn zur Kommunionspendung überleiten.

2. BESINNUNG

Der Kommunionspender leitet die Besinnung etwa mit folgenden Worten ein:

Als Christen müssen wir uns hüten, wie Paulus im Brief an die Epheser schreibt, den Heiligen Geist zu „beleidigen". Deshalb mahnt der Völkerapostel: „Über eure Lippen komme kein böses Wort, sondern nur ein gutes, das den, der es braucht, stärkt und dem, der es hört, Nutzen bringt. Jede Art von Bitterkeit und alles Böse verbannt aus eurer Mitte! Seid gütig zueinander, seid barmherzig, vergebt einander, weil auch Gott euch durch Christus vergeben hat!" (Eph 4,29.31–32).

Ist unser Leben geprägt von Versöhnung und Vergebungsbereitschaft?

Nach einer Zeit der Stille fährt der Kommunionspender fort:

Unseren guten Willen und unser Versagen tragen wir vertrauensvoll vor unseren Bruder Jesus Christus.

Jesus, du befreist von aller Sünde:
Herr, erbarme dich (unser).
A.: Herr, erbarme dich (unser).

Du lädst uns ein, dir nachzufolgen:
Christus, erbarme dich (unser).
A.: Christus, erbarme dich (unser).

Du sammelst die Menschen im Reich des Vaters:
Herr, erbarme dich (unser).
A.: Herr, erbarme dich (unser).

**Der allmächtige Gott erbarme sich unser.
Er nehme von uns Sünde und Schuld,
damit wir ihm mit reinem Herzen entgegengehen,
wenn er kommt.**
A.: **Amen.**

Nun kann der Kommunionspender dem Kranken Weihwasser reichen, worauf sich beide bekreuzigen.

3. SCHRIFTLESUNG

Der Kommunionspender oder eine andere Person trägt eine der folgenden Lesungen vor. Die manchmal angebotene Hinführung kann einleitend vorgelesen oder mit freien Worten wiedergegeben werden. Nach der Lesung kann der Kommunionspender diese kurz erläutern oder in einem Gespräch mit dem Kranken und den anderen Anwesenden vertiefen.

LESUNG Jdt 8,20.24–25.27
[Hinführung: Einmal war die jüdische Stadt Betúlia von Feinden eingeschlossen und in schier aussichtsloser Lage. Ihre Vorsteher und Bewohner begannen wegen des unerträglich werdenden Hungers und Durstes zu verzweifeln. Da machte ihnen eine junge Witwe Mut.]

Lesung aus dem Buch Judit.

**(Judit sagte zu den Ältesten der Stadt:)
Wir dürfen hoffen,
daß Gott uns und unser Volk
nicht im Stich lassen wird.
Daher, liebe Brüder,
wollen wir jetzt unseren Stammesbrüdern beweisen,**

daß wir für ihr Leben einstehen
und daß das Heiligtum,
der Tempel und der Altar (in Jerusalem),
sich auf uns verlassen können.
Bei alldem aber
laßt uns dem Herrn, unserem Gott, danken,
daß er uns ebenso prüft wie schon unsere Väter.
Denn wie er diese Männer
im Feuer geläutert hat,
um ihr Herz zu prüfen,
so hat er auch mit uns
kein Strafgericht vor.

LESUNG Kol 1,13–14.21–23

Lesung aus dem Brief des Apostels Paulus
an die Kolosser.

Brüder und Schwestern!
Gott, der Vater,
hat uns der Macht der Finsternis entrissen
und aufgenommen
in das Reich seines geliebten Sohnes.
Durch ihn haben wir die Erlösung,
die Vergebung der Sünden.

Ihr standet ihm einst fremd
und feindlich gegenüber;
denn euer Sinn trieb euch zu bösen Taten.
Jetzt aber hat er euch durch den Tod
seines sterblichen Leibes versöhnt,
um euch heilig, untadelig und schuldlos
vor sich treten zu lassen.

Doch müßt ihr unerschütterlich und unbeugsam
am Glauben festhalten
und dürft euch nicht
von der Hoffnung abbringen lassen,
die euch das Evangelium schenkt.

LESUNG 1 Petr 1,5–7

[Hinführung: Es war schon die Erfahrung der ersten Gläubigen, daß ein Christ wegen seines Glaubens Schweres erleiden kann. Deshalb mußten manche getröstet, andere zum Durchhalten ermuntert werden. Doch es gab auch solche, die sich nicht entmutigen ließen.]

Lesung aus dem ersten Brief des Apostels Petrus.

Brüder und Schwestern!
Wenn ihr Gott fest vertraut,
wird er seine starke Hand über euch halten
und euch bewahren,
so daß ihr gerettet werdet
und am Ende der Zeit
das unvergängliche Leben bekommt,
das er euch zugedacht hat.

Wie das vergängliche Gold
im Feuer auf seine Echtheit geprüft wird,
so wird euer Vertrauen,
das viel kostbarer ist als Gold,
im Feuer des Leidens geprüft.
Wenn es sich als echt erweist,
wird Gott euch

mit Ehre und Herrlichkeit belohnen
an dem Tag, an dem Jesus Christus
sich in seiner Herrlichkeit zeigt.

LESUNG 1 Joh 3,1–2
Lesung aus dem ersten Johannesbrief.

Brüder und Schwestern!
Seht doch, wie sehr uns der Vater geliebt hat!
Seine Liebe ist so groß,
daß er uns seine Kinder nennt.
Und wir sind es wirklich!
Die Welt versteht uns nicht,
weil sie Gott nicht kennt.

Meine lieben Freunde,
wir sind schon Kinder Gottes.
Was wir einmal sein werden,
ist jetzt noch nicht sichtbar.
Aber wir wissen:
Wenn es sichtbar wird,
werden wir Gott ähnlich sein;
denn wir werden ihn sehen,
wie er wirklich ist.

Gespräch über die Lesung oder kurze Stille.

4. GEBET

Vor dem Vaterunser kann der Kommunionspender oder eine andere Person die folgenden Fürbitten vortragen. Sie können aber auch frei formuliert werden.

FÜRBITTEN

Nun beten wir zu Gott, unserem Vater,
der uns aufrichtig liebt:

Für unseren Papst N. und unseren Bischof N.:
Führe sie durch deinen Geist.
A.: Wir bitten dich, erhöre uns.

Für die Kranken und Leidenden:
Laß sie die Gemeinschaft
mit unserem Herrn Jesus Christus erfahren.
A.: Wir bitten dich, erhöre uns.

Für die Obdachlosen und Flüchtlinge:
Laß sie einen Ort finden,
wo sie menschenwürdig leben können.
A.: Wir bitten dich, erhöre uns.

Um das tägliche Brot:
Hilf, daß niemand zu hungern braucht.
A.: Wir bitten dich, erhöre uns.

Für unser Volk:
Schenke ihm Einheit und Frieden.
A.: Wir bitten dich, erhöre uns.

Für die Verstorbenen:
Nimm sie auf in die ewige Wohnung.
A.: Wir bitten dich, erhöre uns.

VATERUNSER

Nun beten wir, wie Jesus uns zu beten gelehrt hat:

Vater unser im Himmel,
Geheiligt werde dein Name.
Dein Reich komme.

Dein Wille geschehe, wie im Himmel so auf Erden.
Unser tägliches Brot gib uns heute.
Und vergib uns unsere Schuld,
wie auch wir vergeben unsern Schuldigern.
Und führe uns nicht in Versuchung,
sondern erlöse uns von dem Bösen.

Denn dein ist das Reich und die Kraft
und die Herrlichkeit in Ewigkeit. Amen.

5. KOMMUNION

Der Kommunionspender zeigt das eucharistische Brot und sagt:

Seht das Lamm Gottes,
das hinwegnimmt die Sünde der Welt.

Oder:

Seht das Brot des Lebens,
den Leib unseres Herrn Jesus Christus.

A.: **Herr, ich bin nicht würdig,**
daß du eingehst unter mein Dach;
aber sprich nur ein Wort,
so wird meine Seele gesund.

Der Spender reicht die Kommunion mit den Worten:

Der Leib Christi.

A.: **Amen.**

Nun beten alle einige Zeit in Stille.

6. DANK

Der Kommunionspender kann vor dem abschließenden Gebet den folgenden Psalm 23 oder zusammen mit den Anwesenden das in vielen Diözesananhängen enthaltene Psalm-Lied aus dem Ulenberg-Psalter singen bzw. sprechen:

PSALM 23: GOTTESLOB 718,2

Der Herr ist mein Hirte,
nichts wird mir fehlen.

Er läßt mich lagern auf grünen Auen
und führt mich zum Ruheplatz am Wasser.

Er stillt mein Verlangen;
er leitet mich auf rechten Pfaden,
treu seinem Namen.

Muß ich auch wandern in finsterer Schlucht,
ich fürchte kein Unheil;

denn du bist bei mir;
dein Stock und dein Stab geben mir Zuversicht.

Du deckst mir den Tisch
(vor den Augen meiner Feinde).

Du salbst mein Haupt mit Öl,
du füllst mir reichlich den Becher.

Lauter Güte und Huld
werden mir folgen mein Leben lang,

und im Haus des Herrn
darf ich wohnen für lange Zeit.

Ehre sei dem Vater und dem Sohn
und dem Heiligen Geist,

wie im Anfang, so auch jetzt und alle Zeit
und in Ewigkeit. Amen.

Oder:

LIED:
Mein Hirt ist Gott der Herr,
er will mich immer weiden,
darum ich nimmermehr
kann Not und Mangel leiden;
er wird auf grüner Au,
so wie ich ihm vertrau,
mir Rast und Nahrung geben
und wird mich immerdar
an Wassern frisch und klar
erfrischen und beleben.

Er wird die Seele mein
mit seiner Kraft erquicken,
wird durch den Namen sein
auf rechte Bahn mich schicken;
und wenn aus blinder Wahl
ich auch im finstern Tal
weitab mich sollt verlieren,
so fürcht ich dennoch nicht;
ich weiß mit Zuversicht:
du, Herr, du wirst mich führen.

Du wirst zur rechten Zeit
den Hirtenstab erheben,
der allzeit ist bereit,
dem Herzen Trost zu geben.

Dazu ist wunderbar
ein Tisch mir immerdar
von dir, o Herr, bereitet,
der mir die Kräfte schenkt,
wann mich der Feind bedrängt,
und mich zum Siege leitet.

ABSCHLIESSENDES GEBET

Lasset uns beten.
Barmherziger Gott,
du willst, daß niemand verlorengeht,
sondern daß alle das ewige Leben erlangen.
Darum speisest du uns als wahrer Hirt
mit dem Brot des Lebens,
dem Leib deines geliebten Sohnes.
Bleibe bei uns mit deiner Kraft,
damit wir nicht mutlos werden,
sondern zuversichtlich Christus entgegengehen,
der mit dir lebt und herrscht in alle Ewigkeit.
A.: **Amen.**

7. SEGEN

Der Kommunionspender spricht eines der beiden folgenden Segensworte über den Kranken:

Gott ist der Herr des Himmels und der Erde,
der Vater aller, die an ihn glauben,
die Liebe, die uns trägt und umfängt.
Er segne und behüte dich.
Er lasse sein Angesicht über dir leuchten
und gebe dir seinen Frieden. – Amen.

Oder:

Gott ist unser liebender Vater.
Er bewahre uns vor Unheil und Schaden;
er lasse uns erkennen, was uns zum Heil dient,
und führe uns zur unvergänglichen Freude. – Amen.

Zum Schluß bekreuzigen sich alle und sprechen:

Im Namen des Vaters und des Sohnes
und des Heiligen Geistes. Amen.

8. VERABSCHIEDUNG

Bevor sich der Kommunionhelfer verabschiedet, achtet er darauf, ob den Kranken noch etwas beschäftigt, über das er sprechen möchte. Nach Möglichkeit geht der Kommunionhelfer gleich darauf ein oder bietet an, beim nächsten Besuch dafür Zeit zu haben.

KRANKENKOMMUNION
FÜR
STERBENDE
(WEGZEHRUNG)

KRANKENKOMMUNION FÜR STERBENDE (WEGZEHRUNG)

Wenn ein Kranker im Angesichte des Todes die Kommunion als **Wegzehrung** zu empfangen wünscht oder wenigstens dazu bereit ist (s. Einführung Nr. 8), kann folgender Gottesdienst mit ihm gehalten werden. Gegebenenfalls ist dieser mit Rücksicht auf die Verfassung des Sterbenden zu vereinfachen. Doch sollen das Gebet des Herrn und die besondere Spendeformel nicht entfallen.

1. ERÖFFNUNG

Der Kommunionspender betritt das Krankenzimmer und grüßt die Anwesenden:

Friede sei mit diesem Haus.

(**Antwort: Und mit allen, die darin wohnen.**)

Oder:

Gelobt sei Jesus Christus.

(**Antwort: In Ewigkeit. Amen.**)

Er stellt das Gefäß mit dem eucharistischen Brot auf den dazu vorgesehenen Platz und verehrt den Leib des Herrn mit einer Kniebeuge oder einer Verneigung. Dann spricht er den Kranken persönlich an, erinnert ihn an den Grund seines Kommens und gibt ihm die Möglichkeit, sich etwas auszusprechen.

2. BESINNUNG

Der Kommunionspender leitet die Besinnung etwa mit folgenden Worten ein:

Was Paulus den Gläubigen in Rom geschrieben hat, wollen wir uns heute in Erinnerung rufen. Der Völkerapostel fragt auch uns: „Was kann uns scheiden von der Liebe Christi? Bedrängnis oder Not oder Verfolgung, Hunger oder Kälte, Gefahr oder Schwert?" (Röm 8,35).

Wir haben die tröstliche Gewißheit, daß wir in Gottes Händen gut aufgehoben sind.

Sie, liebe(r) Bruder/Schwester im Herrn, dürfen deshalb auch jetzt voll und ganz auf Gott vertrauen. So lade ich Sie ein, Ihr Vertrauen mit dem Bekenntnis des Glaubens zu bezeugen, das wir bei den großen Feiern der Taufe, der Firmung und der Osternacht ablegen.

Glaubst du an Gott, den Vater, den Allmächtigen, den Schöpfer des Himmels und der Erde?
A.: **Ich glaube.**

Glaubst du an Jesus Christus, seinen eingeborenen Sohn, unseren Herrn, der geboren ist von der Jungfrau Maria, der gelitten hat und begraben wurde, von den Toten auferstand und zur Rechten des Vaters sitzt?
A.: **Ich glaube.**

Glaubst du an den Heiligen Geist, die heilige katholische Kirche, die Gemeinschaft der Heiligen, die Vergebung der Sünden, die Auferstehung der Toten und das ewige Leben?

A.: **Ich glaube.**

(Spendet ein Priester die Kommunion als Wegzehrung, kann ihm der Kranke nun anstelle des allgemeinen Schuldbekenntnisses eine Beichte ablegen und die sakramentale Lossprechung empfangen. Folgt jedoch das allgemeine Schuldbekenntnis, das vor- oder gemeinsam gesprochen werden kann, leitet der Kommunionspender etwa mit folgenden Worten dazu über:)

Gott, der unser guter Vater ist, zeigt seine Macht vor allem dadurch, daß er barmherzig verzeiht und alle unsere Sünden vergibt. Deshalb dürfen wir auch die dunklen Seiten unseres Lebens in seine gütigen Hände legen.

Alle verharren in Stille. Dann sprechen sie:

Ich bekenne Gott, dem Allmächtigen,
und allen Brüdern und Schwestern,
daß ich Gutes unterlassen und Böses getan habe.
Ich habe gesündigt
in Gedanken, Worten und Werken
durch meine Schuld, durch meine Schuld,
durch meine große Schuld.
Darum bitte ich die selige Jungfrau Maria,
alle Engel und Heiligen
und euch, Brüder und Schwestern,
für mich zu beten bei Gott, unserem Herrn.

Der Kommunionspender fährt fort:

**Der allmächtige Gott erbarme sich unser.
Er lasse uns die Sünden nach
und führe uns zum ewigen Leben.**
A.: **Amen.**

Oder:

**Großer Gott, du offenbarst deine Macht
vor allem im Erbarmen und im Verschonen.
Darum nimm uns in Gnaden auf,
wenn uns auch Schuld belastet.
Gib, daß wir unseren Lauf vollenden
und zur Herrlichkeit des Himmels gelangen
durch Christus, unseren Herrn.**
A.: **Amen.**

Nun kann der Kommunionspender dem Kranken Weihwasser reichen, worauf sich beide bekreuzigen, oder er zeichnet selber dem Sterbenden mit Weihwasser ein Kreuz auf die Stirne.

3. SCHRIFTLESUNG

Der Kommunionspender oder eine andere Person trägt eine der folgenden Lesungen vor. Nach der Lesung kann der Kommunionspender diese kurz erläutern oder in einem Gespräch mit dem Kranken und den anderen Anwesenden vertiefen.

LESUNG Röm 8,16–17

**Lesung aus dem Brief des Apostels Paulus
an die Römer.**

**Brüder und Schwestern!
Gottes Geist bestätigt unserem Geist,
daß wir wirklich Gottes Kinder sind.**

Wenn wir aber Gottes Kinder sind,
dann wird Gott uns auch schenken,
was er seinen Kindern versprochen hat.
Er will uns das Leben in Herrlichkeit schenken,
das er Christus gegeben hat.
Wenn wir wirklich mit Christus leiden,
dann sollen wir auch seine Herrlichkeit
mit ihm teilen.

LESUNG Phil 3,20–21
Lesung aus dem Brief des Apostels Paulus
an die Philipper.

Brüder und Schwestern!
Wir sind Bürger des Himmels.
Von dorther erwarten wir auch unseren Retter,
Jesus Christus, den Herrn.
Er wird unseren schwachen,
vergänglichen Körper verwandeln,
daß er genauso herrlich wird wie der Körper,
den er selbst seit seiner Auferstehung hat.
Denn er hat die Macht,
alles seiner Herrschaft zu unterwerfen.

LESUNG Offb 21,10–11.23
Lesung aus der Offenbarung des Johannes.

Ein Engel entrückte mich in der Verzückung
auf einen großen, hohen Berg
und zeigte mir die heilige Stadt Jerusalem,
wie sie von Gott her aus dem Himmel herabkam,
erfüllt von der Herrlichkeit Gottes.

Sie glänzte wie ein kostbarer Edelstein,
wie ein kristallklarer Jaspis.

Die Stadt braucht weder Sonne noch Mond,
die ihr leuchten.
Denn die Herrlichkeit Gottes erleuchtet sie,
und ihre Leuchte ist das Lamm.

LESUNG Lk 12, 35–37

Lesung aus dem Evangelium nach Lukas.

Auf dem Weg hinauf nach Jerusalem
sagte Jesus seinen Jüngern:
Legt euren Gürtel nicht ab,
und laßt eure Lampen brennen!
Seid wie Menschen,
die auf die Rückkehr ihres Herrn warten,
der auf einer Hochzeit ist,
und die ihm öffnen,
sobald er kommt und anklopft.

Selig die Knechte,
die der Herr wach findet, wenn er kommt.
Amen, ich sage euch:
Er wird sich gürten,
sie am Tisch Platz nehmen lassen
und sie der Reihe nach bedienen.

4. GEBET

Vor dem Vaterunser kann der Kommunionspender oder eine andere Person folgende Bitten vortragen.

BITTEN

Laßt uns gemeinsam
aus ganzem Herzen zu Jesus rufen:
Christus, höre uns.
A.: Christus, erhöre uns.

Jesus, unser Herr,
du hast uns geliebt bis ans Ende
und bist in den Tod gegangen,
um uns Frieden und Versöhnung zu schenken;
entreiße uns aller Not und Bedrängnis.
Christus, höre uns.
A.: Christus, erhöre uns.

Jesus, unser Bruder,
du hast gesagt: Wer mein Fleisch ißt
und mein Blut trinkt,
hat das ewige Leben;
geleite uns zu deinem und unserem Vater
im Himmel.
Christus, höre uns.
A.: Christus, erhöre uns.

Jesus, unser Freund,
du lädst uns ein zu jenem Gastmahl,
bei dem kein Schmerz
und keine Trauer mehr sein wird,
keine Klage und keine Trennung;
nimm uns auf in die Herrlichkeit Gottes.
Christus, höre uns.
A.: Christus, erhöre uns.

VATERUNSER

Nun beten wir, wie Jesus uns zu beten gelehrt hat:

Vater unser im Himmel,
Geheiligt werde dein Name.
Dein Reich komme.
Dein Wille geschehe, wie im Himmel so auf Erden.
Unser tägliches Brot gib uns heute.
Und vergib uns unsere Schuld,
wie auch wir vergeben unsern Schuldigern.
Und führe uns nicht in Versuchung,
sondern erlöse uns von dem Bösen.

Denn dein ist das Reich und die Kraft
und die Herrlichkeit in Ewigkeit. Amen.

5. KOMMUNION

Der Kommunionspender zeigt das eucharistische Brot und sagt:

Seht das Lamm Gottes,
das hinwegnimmt die Sünde der Welt.

Oder:

Seht das Brot des Lebens,
den Leib unseres Herrn Jesus Christus.

A.: **Herr, ich bin nicht würdig,**
daß du eingehst unter mein Dach;
aber sprich nur ein Wort,
so wird meine Seele gesund.

Der Spender reicht die Kommunion mit den Worten:

Unser Erlöser stärke dich mit dem Brot des Lebens und begleite dich auf dem Weg in seine Herrlichkeit. Der Leib Christi.

A.: Amen.

6. DANK

Der Kommunionspender kann die folgenden Liedstrophen vorbeten oder sie zusammen mit den Anwesenden singen bzw. sprechen:

LIED: GOTTESLOB 473

**Im Frieden dein, o Herre mein,
laß ziehn mich meine Straßen.
Wie mir dein Mund gegeben kund,
schenkst Gnad du ohne Maßen,
hast mein Gesicht das selge Licht,
den Heiland, schauen lassen.**

**Mir armem Gast bereitet hast
das reiche Mahl der Gnaden.
Das Lebensbrot stillt Hungers Not,
heilt meiner Seele Schaden.
Ob solchem Gut jauchzt Sinn und Mut
mit alln, die du geladen.**

**O Herr, verleih, daß Lieb und Treu
in dir uns all verbinden,
daß Hand und Mund zu jeder Stund
dein Freundlichkeit verkünden,
bis nach der Zeit den Platz bereit
an deinem Tisch wir finden.**

7. SEGEN

Der Kommunionspender kann folgende Segensworte über den Kranken sprechen:

**Gott ist der Herr des Himmels und der Erde,
der Vater aller, die an ihn glauben,
die Liebe, die uns trägt und umfängt.
Er segne und behüte dich.
Er lasse sein Angesicht über dir leuchten
und gebe dir seinen Frieden. – Amen.**

Zum Schluß bekreuzigen sich alle und sprechen:

**Im Namen des Vaters und des Sohnes
und des Heiligen Geistes. Amen.**

8. VERABSCHIEDUNG

Damit der Besuch nicht unvermittelt endet, verweilt der Kommunionhelfer noch etwas beim Kranken. Dabei kann er die Angehörigen, die dem Sterbenden beistehen wollen, auf geeignete Gebete, etwa Nr. 79 im GOTTESLOB, aufmerksam machen. Wenn er sich verabschiedet, verspricht er, daß er aller im Gebet gedenken werde.

ANHANG

Weitere Schriftlesungen

Die im folgenden angeführten Lesungen aus dem Neuen Testament wurden aufgrund ihres marianischen Gehaltes ausgewählt: Maria – Urbild der Kirche. Maria war für das Heilshandeln Gottes in Jesus Christus offen. Die Worte über Jesus, die sie vernahm, und die Ereignisse, die sie erlebte, erwog sie trotz oder gerade wegen deren Unbegreiflichkeit in ihrem Herzen, bis sie an Ostern durch die Auferstehung ihres Sohnes und an Pfingsten durch die Ausgießung des Heiligen Geistes alles in einem neuen Licht sehen konnte. Wie sie, die Mutter unseres Erlösers, soll auch der Christ besonders die schweren und dunklen Tage einer Krankheit durchzutragen versuchen. Dabei kann sich ihm Maria in ihrer bewundernswerten Haltung als „Hilfe der Christen" erweisen.

Die meistens angebotene Hinführung kann einleitend vorgelesen oder mit freien Worten wiedergegeben werden. Nach der Lesung kann der Kommunionspender diese kurz erläutern oder in einem Gespräch mit dem Kranken und den anderen Anwesenden vertiefen.

ADVENT UND 25. MÄRZ

LESUNG Lk 1,26–27.30–33.38

[Hinführung: Wo nach menschlichem Ermessen nichts mehr zu erwarten ist, vermag Gott einen neuen Anfang zu setzen. Als der Glanz des Königshauses Davids längst erloschen war und kaum jemand mehr vom Geschlecht Davids etwas erhoffte, begann Gott sein Versprechen, von dem wir im Buch des Propheten Amos lesen, in die Tat umzusetzen: „Ich richte die zerfallene Hütte Davids wieder auf“ (Am 9,11). Bei diesem „Wiederaufbau“ darf der Mensch sogar mitwirken.]

Lesung aus dem Evangelium nach Lukas.

Der Engel Gabriel wurde von Gott
in eine Stadt in Galiläa namens Nazaret
zu einer Jungfrau gesandt.
Sie war mit einem Mann namens Josef verlobt,
der aus dem Haus David stammte.
Der Name der Jungfrau war Maria.

Der Engel sagte zu ihr:
Fürchte dich nicht, Maria;
denn du hast bei Gott Gnade gefunden.
Du wirst ein Kind empfangen,
einen Sohn wirst du gebären:
dem sollst du den Namen Jesus geben.
Er wird groß sein
und Sohn des Höchsten genannt werden.
Gott, der Herr,
wird ihm den Thron seines Vaters David geben.

Er wird über das Haus Jakob in Ewigkeit herrschen,
und seine Herrschaft wird kein Ende haben.

Maria sagte:
Ich bin die Magd des Herrn;
mir geschehe, wie du es gesagt hast.

ADVENT UND 2. JULI

LESUNG Lk 1, 39–45
[Hinführung: Bei Maria, der Mutter Jesu, sehen wir, worauf es ankommt, damit wir Gottes Heil erfahren.]

Lesung aus dem Evangelium nach Lukas.

(Einige Tage,
nachdem Gabriel, der Engel des Herrn,
die Botschaft gebracht hatte,)
machte sich Maria auf den Weg
und eilte in eine Stadt im Bergland von Judäa.
Sie ging in das Haus des Zacharías
und begrüßte Elisabet.

Als Elisabet den Gruß Marias hörte,
hüpfte das Kind in ihrem Leib.
Da wurde Elisabet vom Heiligen Geist erfüllt
und rief mit lauter Stimme:

Gesegnet bist du mehr als alle anderen Frauen,
und gesegnet ist die Frucht deines Leibes.

Wer bin ich,
daß die Mutter meines Herrn zu mir kommt?
In dem Augenblick, als ich deinen Gruß hörte,
hüpfte das Kind vor Freude in meinem Leib.

Selig ist die,
die geglaubt hat, daß sich erfüllt,
was der Herr ihr sagen ließ.

WEIHNACHTEN

LESUNG Lk 2,1.3–7

Lesung aus dem Evangelium nach Lukas.

In jenen Tagen erließ Kaiser Augústus den Befehl,
alle Bewohner des Reiches
in Steuerlisten einzutragen.
Da ging jeder in seine Stadt,
um sich eintragen zu lassen.

So zog auch Josef
von der Stadt Nazaret in Galiläa
hinauf nach Judäa in die Stadt Davids,
die Betlehem heißt;
denn er war aus dem Haus und Geschlecht Davids.
Er wollte sich eintragen lassen
mit Maria, seiner Verlobten,
die ein Kind erwartete.

Als sie dort waren,
kam für Maria die Zeit ihrer Niederkunft,
und sie gebar ihren Sohn, den Erstgeborenen.
Sie wickelte ihn in Windeln
und legte ihn in eine Krippe,
weil in der Herberge kein Platz für sie war.

LESUNG Lk 2,15–19
[Hinführung: Große Ereignisse und Erlebnisse dürfen nicht nur in flüchtiger Erinnerung bleiben. Maria zeigt uns, welchen Platz wir Gottes großen Taten einräumen sollen.]

Lesung aus dem Evangelium nach Lukas.

Als die Engel die Hirten verlassen hatten
und in den Himmel zurückgekehrt waren,
sagten die Hirten zueinander: Kommt,
wir gehen nach Betlehem,
um das Ereignis zu sehen,
das uns der Herr verkünden ließ.

So eilten sie hin
und fanden Maria und Josef
und das Kind, das in der Krippe lag.
Als sie es sahen, erzählten sie,
was ihnen über dieses Kind gesagt worden war.
Und alle, die es hörten,
staunten über die Worte der Hirten.

Maria aber bewahrte alles, was geschehen war,
in ihrem Herzen und dachte darüber nach.

ZEIT IM JAHRESKREIS: TAUFE DES HERRN BIS FASTENZEIT

LESUNG Joh 2,3–5.7–9.11
[Hinführung: Jesu Verhalten kann unbegreiflich sein. Das hat auch Maria, seine Mutter, erfahren. Doch von ihr können wir lernen, wie wir uns verhalten sol-

len, wenn wir Jesus Christus als unverständlich, ja sogar als abweisend empfinden. Denn wer sich auf ihn ganz einläßt, erfährt zu der von Gott festgesetzten Zeit das Wunder beglückender Hilfe.]

Lesung aus dem Evangelium nach Johannes.

Als (auf der Hochzeit in Kana in Galiläa)
der Wein ausging, sagte die Mutter Jesu zu ihm:
Sie haben keinen Wein mehr.
Jesus erwiderte ihr:
Was willst du von mir, Frau?
Meine Stunde ist noch nicht gekommen.
Seine Mutter sagte zu den Dienern:
Was er euch sagt, das tut!

Jesus sagte zu den Dienern:
Füllt die Krüge mit Wasser!
Und sie füllten sie bis zum Rand.

Er sagte zu ihnen:
Schöpft jetzt, und bringt es dem,
der für das Festmahl verantwortlich ist.
Sie brachten es ihm.
Er kostete das Wasser,
das zu Wein geworden war.

So tat Jesus sein erstes Zeichen,
in Kana in Galiläa,
und offenbarte seine Herrlichkeit,
und seine Jünger glaubten an ihn.

FASTENZEIT UND 2. FEBRUAR

LESUNG Lk 2, 33–35

[Hinführung: Der Weg Jesu ist, menschlich gesprochen, unbegreiflich. Er ist ein Kreuzweg. Und wer den Weg Jesu als Jünger mitgehen will, muß bereit sein, das Kreuz auf sich zu nehmen (vgl. Lk 9, 23). Dies erfuhr Maria gleich zu Beginn des Lebens Jesu, als sie ihr Kind in den Tempel nach Jerusalem brachte.]

Lesung aus dem Evangelium nach Lukas.

Josef und Maria
staunten über die Worte,
die über Jesus gesagt wurden.
Und Símeon segnete sie
und sagte zu Maria, der Mutter Jesu:
Dieser ist dazu bestimmt,
daß in Israel viele durch ihn zu Fall kommen
und viele aufgerichtet werden,
und er wird ein Zeichen sein,
dem widersprochen wird.
Dadurch sollen die Gedanken vieler Menschen
offenbar werden.
Dir selbst aber
wird ein Schwert durch die Seele dringen.

FASTENZEIT

LESUNG Lk 2,43.45–51

[Hinführung: Eine erste schmerzliche Erfahrung mit dem besonderen Weg ihres Sohnes Jesus machte Maria, als sie und Josef mit dem Zwölfjährigen zum Osterfest nach Jerusalem pilgerten. Der Sinn jenes Ereignisses blieb selbst der Mutter unseres Erlösers verborgen. Ihr Verhalten kann uns indessen eine Hilfe sein, dunkle und schwere Stunden auszuhalten.]

Lesung aus dem Evangelium nach Lukas.

Der junge Jesus blieb in Jerusalem,
ohne daß seine Eltern es merkten.
Als sie ihn nicht fanden,
kehrten sie nach Jerusalem zurück
und suchten ihn dort.
Nach drei Tagen fanden sie ihn im Tempel;
er saß mitten unter den Lehrern,
hörte ihnen zu und stellte Fragen.
Alle, die ihn hörten, waren erstaunt
über sein Verständnis und über seine Antworten.

Als seine Eltern ihn sahen,
waren sie sehr betroffen,
und seine Mutter sagte zu ihm:
Kind, wie konntest du uns das antun?
Dein Vater und ich
haben dich voll Angst gesucht.

Da sagte er zu ihnen:
Warum habt ihr mich gesucht?

**Wußtet ihr nicht,
daß ich in dem sein muß,
was meinem Vater gehört?
Doch sie verstanden nicht,
was er damit sagen wollte.
Seine Mutter bewahrte alles,
was geschehen war, in ihrem Herzen.**

EVANGELIUM Joh 19,25–27

[Hinführung: Wer Maria ehren will, wird bemüht sein, Maria gleichsam zu sich zu nehmen, das heißt: ihre Glaubenshaltung zur eigenen Glaubenshaltung zu machen: „Was er – Jesus – euch sagt, das tut" (Joh 2,5).]

Lesung aus dem Evangelium nach Johannes.

**Bei dem Kreuz Jesu standen seine Mutter
und die Schwester seiner Mutter,
Maria, die Frau des Klopas,
und Maria von Magdala.
Als Jesus seine Mutter sah
und bei ihr den Jünger, den er liebte,
sagte er zu seiner Mutter:
Frau, siehe, dein Sohn!
Dann sagte er zu dem Jünger:
Siehe, deine Mutter!
Und von jener Stunde an
nahm sie der Jünger zu sich.**

OSTERZEIT

LESUNG Vgl. Apg 1,12–14
[Hinführung: Wer wünscht, daß ihm der Heilige Geist Helfer und Tröster in den Nöten und Bedrängnissen des Lebens ist, hält sich am besten an das Beispiel jener, die nach der Himmelfahrt Jesu darauf warteten, mit der „Kraft von oben" (vgl. Lk 24,49) gestärkt zu werden.]

Lesung aus der Apostelgeschichte.

(Als Jesus in den Himmel aufgenommen war,
kehrten die Apostel) vom Ölberg
nach Jerusalem zurück.
Als sie in die Stadt kamen,
gingen sie in das Obergemach hinauf,
wo sie nun ständig blieben.
Sie alle verharrten dort einmütig im Gebet,
zusammen mit den Frauen
und mit Maria, der Mutter Jesu,
und mit seinen Brüdern.

LESUNG Apg 2,1–7.11
[Hinführung: Nach der Verkündigung durch den Engel hatte Maria, erfüllt vom Heiligen Geiste, im Haus ihrer Verwandten Elisabet einen großen Lobpreis auf Gott angestimmt: das Magnificat. Das wiederholte sich, als der Heilige Geist am Pfingstfest auf alle in einem Haus Versammelten herabkam: auf die zwölf Apostel, auf die Frauen, die Jesus von Galiläa bis nach Jerusalem begleitet hatten, sowie auf Maria und weitere Verwandte Jesu (vgl. Apg 1,13–14).]

Lesung aus der Apostelgeschichte.

Als der Pfingsttag gekommen war,
befanden sich alle am gleichen Ort.
Da kam plötzlich vom Himmel her ein Brausen,
wie wenn ein heftiger Sturm daherfährt,
und erfüllte das ganze Haus, in dem sie waren.

Und es erschienen ihnen Zungen wie von Feuer,
die sich verteilten;
auf jeden von ihnen ließ sich eine nieder.
Alle wurden mit dem Heiligen Geist erfüllt
und begannen, in fremden Sprachen zu reden,
wie es der Geist ihnen eingab.

In Jerusalem aber wohnten Juden, fromme Männer
aus allen Völkern unter dem Himmel.
Als sich das Getöse erhob,
strömte die Menge zusammen
und war ganz bestürzt;
denn jeder hörte sie in seiner Sprache reden.
Sie gerieten außer sich vor Staunen und sagten:
Wir hören sie in unseren Sprachen
Gottes große Taten verkünden.

ZEIT IM JAHRESKREIS: PFINGSTEN BIS ADVENT

LESUNG Lk 1,46–55

[Hinführung: Wie Gott seinen Versprechungen, die er mit einem Eid bekräftigt hatte, treu bleibt, und wie sehr er insbesondere auf der Seite des hilfsbedürftigen Menschen steht, hat Maria im Lobgesang des Magnificat zum Ausdruck gebracht.]

Lesung aus dem Evangelium nach Lukas.

(Im Haus des Zacharías und der Elisabet)
sagte Maria:

Meine Seele preist die Größe des Herrn,
und mein Geist jubelt über Gott, meinen Retter.
Denn auf die Niedrigkeit seiner Magd
hat er geschaut.
Siehe, von nun an preisen mich selig
alle Geschlechter.
Denn der Mächtige hat Großes an mir getan,
und sein Name ist heilig.

Er erbarmt sich von Geschlecht zu Geschlecht
über alle, die ihn fürchten.
Er vollbringt mit seinem Arm machtvolle Taten:
Er zerstreut, die im Herzen voll Hochmut sind;
er stürzt die Mächtigen vom Thron
und erhöht die Niedrigen.
Die Hungernden beschenkt er mit seinen Gaben
und läßt die Reichen leer ausgehen.

Er nimmt sich seines Knechtes Israel an
und denkt an sein Erbarmen,
das er unsern Vätern verheißen hat,
Abraham und seinen Nachkommen auf ewig.

LESUNG Lk 8,19–21
[Hinführung: Zu Recht verehren wir Maria; denn sie ist seligzupreisen, weil sie dem Worte Gottes glaubte (vgl. Lk 1,45). Doch wie Maria haben auch wir Grund zur Freude, wenn wir nach ihrem Beispiel auf Gottes Wort bauen.]

Lesung aus dem Evangelium nach Lukas.

(Als Jesus in Galiläa umherzog und lehrte,)
kamen eines Tages seine Mutter
und seine Brüder zu ihm;
sie konnten aber wegen der vielen Leute
nicht zu ihm gelangen.

Da sagte man ihm:
Deine Mutter und deine Brüder
stehen draußen und möchten dich sehen.
Er erwiderte:
Meine Mutter und meine Brüder sind die,
die das Wort Gottes hören und danach handeln.

VERZEICHNIS DER SCHRIFTSTELLEN

Verweise auf kürzere Schriftzitate stehen in () Klammern;
GN = Übersetzung entnommen aus Die Gute Nachricht.

VERZEICHNIS DER GESÄNGE AUS DEM GOTTESLOB

GOTTESLOB
Nr.

(* von mehreren Diözesen in den GOTTESLOB-Diözesanteil aufgenommen)

QUELLENHINWEIS

Die Ständige Kommission für die Herausgabe der gemeinsamen liturgischen Bücher im deutschen Sprachgebiet erteilte für die aus diesen Büchern entnommenen Texte die Abdruckerlaubnis. Die darin enthaltenen biblischen Texte sind Bestandteil der von den Bischofskonferenzen des deutschen Sprachgebietes approbierten Einheitsübersetzung der Hl. Schrift.

